Aumentando a Produtividade com as Ferramentas do *Google*

Agnaldo dos Santos Cezar
Eduardo Bellincanta Ortiz

ISBN:

ISBN: 978-65-00-23502-9

9 786500 235029

DEDICATÓRIAS

Não há exemplo maior de dedicação do que o da nossa família. À minha querida família, que tanto me orgulha e que tanto admiro, dedico a eles. Com muita gratidão.

Agnaldo dos Santos Cezar

Dedicado aos meus filhos, Luiz Antônio e Júlia.

Que o caminho de vocês seja repleto de realizações e de luz. Que a busca pelo conhecimento e pela sabedoria seja rotina diária.

Aproveitem da melhor forma o tempo. Sigam seus propósitos e sejam muito felizes.

Eduardo Bellincanta Ortiz

CONTEÚDO

AGRADECIMENTOS

A Deus, pela minha vida, saúde e parceria a todo momento.

A meus pais e irmãos que são minhas fontes de inspiração e de alegria.

A minha querida esposa por todo apoio e incentivo nessa jornada. Te amo.

Agnaldo dos Santos Cezar

Este livro não poderia se tornar realidade sem o precioso apoio da minha esposa e da minha mãe. Sou imensamente grato pelas mulheres que Deus colocou na minha vida. Além de sempre incentivar e inspirar, elas me tornam uma pessoa melhor e um pai dedicado. Sem vocês, as minhas conquistas não teriam sentido. Amo vocês.

Eduardo Bellincanta Ortiz

Agradecimento especial ao nosso querido amigo **Maurício Rocha Bastos**, que fez um grande trabalho de revisão ortográfica e lapidou com excelência as palavras destes autores.

1 - Introdução

Este é um material extremamente objetivo e sem enrolação. Serão apresentados conceitos básicos de produtividade, além da demonstração de alguns recursos existentes nas ferramentas do Google.

Passemos então ao assunto principal deste livro, a produtividade. Após breve consulta sobre o siginificado de produtividade, seguem alguns conceitos:

"Taxa de produção física obtida num determinado período de tempo, considerando-se o fator utilizado: terra, trabalho ou capita".
Fonte: Dicionário Michaelis

"A produtividade é basicamente definida como a relação entre a produção e os fatores de produção utilizados. A produção é definida como os bens produzidos (quantidade de produtos produzidos). Os fatores de produção são definidos como sejam pessoas, máquinas, materiais e outros. Quanto maior for a relação entre a quantidade produzida por fatores utilizados maior é a produtividade".
Fonte: Wikipedia

Já a nossa definição de produtividade engloba a relação entre a quantidade/qualidade entregue, seja de um produto ou serviço, e o tempo investido na tarefa, observando os prazos acordados.

Acreditamos que, para se atingir a alta produtividade, é fundamental entender e focar nos dois principais pilares que a sustentam. Vamos a eles:

Tempo:

Provavelmente, você já escutou que apesar de certas pessoas serem mais produtivas que outras, ambas possuem as mesmas 24h do dia. Será que isso é verdade ou os fatores que levam a essas diferenças são provenientes apenas de soluções tecnológicas e de processos azeitados?

Você concorda que nós todos temos as mesmas 24h no dia? Pare a leitura por um instante e reflita sobre essa afirmação.

Em muitos casos, essa ideia é tida como premissa básica. Concorda?

Para demonstrar que esta forma de encarar o tempo não é uma das melhores, ilustraremos duas situações. Vamos a primeira:

Carlos, o multitarefa

Carlos tem um pequeno comércio, uma lojinha de uns 50 metros quadrados. Nesse seu empreendimento, vende tecidos e, há pouco tempo, incluiu em seu portfólio algumas "quinquilharias" importadas.

As vendas estão boas, o mercadinho está sempre com fregueses e Carlos consegue tirar um lucro satisfatório.

Como se trata de um comércio familiar, a esposa e um primo de Carlos trabalham integralmente, ajudando nas tarefas diárias.

Apesar do comércio estar indo bem, Carlos e a esposa estão tão envolvidos em suas atribuições operacionais que não têm mais tempo para nada. Após o fechamento do mercado, às 18 horas, eles têm de fechar o caixa, verificar o que foi vendido, ajustar o estoque, fazer o planejamento financeiro, agendar o pagamento dos fornecedores, analisar quais produtos serão comprados etc.

Não é raro Carlos reclamar com sua mulher sobre a falta de tempo para cumprir as tarefas da jornada de trabalho.

Vira e mexe, diz: "Ah, se meu dia tivesse 48 horas...".

Já a mulher de Carlos sente muito a falta de desfrutar momentos com a família e vive queixando-se disso ao Carlos.

Apesar do relativo sucesso, a forma como a loja é gerenciada levou-a ao seu limite produtivo.

Essa história serve para ilustrar o pensamento que reflete a escassez de tempo. Essa visão limitada acaba afetando sobremaneira a produtividade.

Para que possamos comparar, abordaremos agora uma gestão diferente do tempo:

Luciano, o multiplicador

Luciano começou com uma lojinha parecida com a de Carlos. Porém, a sua estratégia foi um pouco diferente.

Ele usava o seu tempo para entender cada etapa do negócio e, logo que dominava uma tarefa, repassava o conhecimento a outra pessoa. Procurava ocupar-se em atividades mais importantes e críticas.

Como Luciano delegava mais, tinha mais funcionários. Consequentemente, um lucro menor que Carlos.

Mesmo com um negócio aparentemente menos rentável, Luciano tinha tempo para acompanhar o que realmente era importante. Ele não ficava preso em tarefas operacionais e repetitivas, tinha pessoas que recebiam salário para fazer isso. Usava seu tempo para entender melhor o cliente, encontrar produtos e fornecedores melhores.

Assim, o comércio do Luciano começou a vender mais e sua produtividade foi aumentando. Logo abriu outra loja e seu negócio começou a expandir.

Como o tempo é um dos recursos mais valiosos que dispomos, encurtaremos a história e vamos direto ao ponto.

Hoje, Luciano tem mais de 150 pontos comerciais e provavelmente você já comprou alguma coisa dele. Se você ainda não ligou o nome à pessoa, essa é abreve história de Luciano Hang, dono das lojas Havan.

Esperamos ter deixado claro que o tempo não é igual para todos. Na verdade, o tempo torna-se o que você acredita que ele seja.

Carlos acredita que tem apenas 24 horas por dia. Geralmente, essa é a mentalidade de pessoas centralizadoras e concentradoras. Além de limitar a produtividade, leva essas pessoas a estafas física e mental. Principalmente, se a coisa estiver indo bem.

Uma frase de Peter Drucker, o pai da administração, ilustra bem a importância do gerenciamento do tempo:

"Até que possamos gerenciar o tempo, não podemos gerenciar mais nada."

Outra frase, essa de autoria de Tim Ferriss, sintetiza perfeitamente a ideia de utilização eficaz do tempo:

"Concentre-se em ser produtivo em vez de ocupado."

Como dito anteriormente, Luciano acreditava que o tempo deveria ser visto de outra forma. Hoje, com mais de 20.000 funcionários, o dono da Havan remunera o tempo dessas pessoas para que elas gerem produtividade para ele. Na verdade, o dia do Luciano tem cerca de 160.000 horas (20.000 funcionários x 8 horas de trabalho/dia = 160.000 horas).

Por outro lado, Carlos tinha as horas de trabalho da esposa e do primo, e mesmo assim, em sua cabeça, o dia dele tinha as mesmas 24 horas de Luciano. Realmente, um pensamento limitado e escasso.

Espero que tenha ficado claro que a gestão eficiente do tempo, o foco nas atividides realmente essenciais e a delegação são fatores primordiais para o atingimento da alta produtividade.

Como disse Arthur Schopenhauer:

"As pessoas comuns pensam apenas em como passar o tempo. Uma pessoa inteligente tenta usar o tempo."

Agora que ilustramos a importância da gestão do tempo, abordaremos o outro pilar, que entendemos ser fundamental para escalar a produtividade.

Entrega:

A entrega é o outro pilar que sustenta a produtividade.

Podemos ser grandes gestores do tempo. Porém, se mesmo dentro dos prazos não realizarmos entregas consistentes e com qualidade, elas acabam perdendo valor.

O inverso também é verdadeiro. Nada adianta fazer grandes entregas se elas forem feitas fora dos prazos estabelecidos. Para realizar entregas satisfatórias são necessários planejamento e metodologia.

Para exemplificar a importância da entrega, serão analisados outros dois cenários:

Euzébio, o maratonista

8h: Euzébio acaba de chegar no escritório, acomoda suas coisas, senta-se em frente a sua mesa e liga o computador.

Enquanto o equipamento liga, vai buscar um café na copa e pensa nas tarefas e entregas que precisam ser feitas no dia.

Ao retornar ao seu posto de trabalho, ele dá uma olhada nas mensagens do *Whatsapp* e constata a solicitação de um colega que pede ajuda para encontrar um modelo de documento. Ele para e vai em busca do arquivo. Quando termina, já têm mais mensagens de outros dois colaborades. Euzébio lê as mensagens e atende aos pedidos.

Em seguida, ele começa ler todos os grupos do *Whatsapp*, a fim de zerar as mensagens não lidas do aplicativo. Encontra o compartilhamento de um *link* de uma notícia de certa relevância nacional, acessa o *site*, lê a notícia e dá uma olhada nas outras matérias do site.

9h: Abre o *e-mail* e começa ler e responder as mensagens conforme a ordem de chegada.

Após ler, responder e apagar cerca de 50 *e-mails*, deu outra olhada no *Whatsapp* e atendeu mais dois pedidos de colegas.

O telefone toca e Euzébio é lembrado de uma reunião, via videoconferência, que disseram ser importante a sua participação. Sem mesmo saber da pauta, foi informado que a reunião duraria apenas 15 minutos.

45 minutos depois, despede-se da reunião sem saber ao certo o motivo da sua participação.

10h30: Finalmente, Euzébio começa a trabalhar no projeto que sua equipe deverá entregar no final da semana. Lembra que precisa de informação que havia solicitado aos integrantes da sua equipe.

Para todo o trabalho a fim de localizar as pessoas e obter a informação. Consegue falar com Paulo, que se compromete a já encaminhar a nova versão do arquivo. Não consegue falar com a Roberta.

Enquanto o arquivo de Paulo não chega, Euzébio volta a responder os *e-mails* e as mensagens do *Whatsapp*. Depois de 20 minutos e mais 5 atendimentos de pedidos de colegas, a versão do arquivo de Paulo chega no *e-mail*.

Volta a tentar o contato com a Roberta. Consegue falar e solicita o material do projeto.

11h: Quando o trabalho no projeto começa a fluir, toca o alarme do celular do Euzébio, lembrando que ele deveria entregar um documento no contador daí 30 minutos.

Então salva o arquivo, pega suas coisas e vai levar o documento.

Chega no contador, amigo de longa data, entrega o documento e a conversa flui.

13h: Euzébio chega ao escritório com um lanche embrulhado em um saquinho de papel. Vai até a copa, engole tudo e volta a sua mesa.

Consulta as mensagens de *e-mail*, lê 15 e responde 5. Consulta as mensagens do *Whatsapp* e atende mais 3 solicitações de colegas. Dá uma olhada nos grupos e zera novamente as mensagens não lidas.

14h: Retoma as atividades do projeto.

15h: Recebe o arquivo atualizado da Roberta. Analisa e observa que a informação impactará no trabalho já realizado. Fica frustrado e vai tomar um café na copa. Conversa com os amigos, dá uma conferida nas redes sociais. Responde alguns comentários de um *post* que fez e volta para sua mesa.

15h30: Retoma o desenvolvimento das atividades do projeto.

16h: Dá mais uma conferida no *e-mail* e no *Whatsapp*. Responde as solicitações.

16h30: Retoma o projeto.

17h: O telefone toca, é o chefe pedindo que ele vá até sua sala. Ele pergunta sobre o andamento do projeto e o prazo de conclusão. Euzébio dá uma série de explicações e pede mais uma semana de prazo para entregar o projeto.

17h15: Sai da sala do chefe totalmente desmotivado. Liga para os colaboradores da equipe e reclama da demora nas entregas. Retoma o projeto.

18h15: Sai correndo e estressado do escritório para pegar as crianças na escola.

Esse é um dia-padrão de trabalho de Euzébio. Está sempre ativo e ocupado. Porém, quando para e reflete, tem a impressão de que passou o dia todo "correndo atrás do rabo", sem entregar nada de produtivo.

As entregas importantes são poucas. As irrelevantes, muitas. "Sente que corre muito, mas não sai do lugar".

Vejamos agora a outra situação:

Luiz, o estrategista

8h: Luiz acaba de chegar ao escritório, acomoda suas coisas, senta em frente a sua mesa e liga o computador.

Enquanto o equipamento liga, vai buscar um café na copa e pensa nas tarefas e entregas que precisam ser feitas no dia.

Ao retornar a sua mesa já tem na cabeça a metodologia de trabalho que deve seguir.

Como de rotina, no primeiro horário, realiza uma reunião de 15 minutos com a equipe do projeto. Faz o alinhamento e a troca de informação. Como os arquivos estão compartilhados na *Internet*, todos têm fácil acesso aos materiais.

8h30: Após o alinhamento com a equipe, Luiz analisa e revisa as entregas feitas. De posse da informação, pode concentrar-se na execução do projeto.

9h: O telefone toca e Luiz é lembrado de uma reunião, via videoconferência, onde disseram que era importante ele participar. Porém, sequer a pauta ele sabia. Foi informado que a reunião duraria 15 minutos.

Ele pergunta sobre a pauta, analisa e constata que a sua participação não é fundamental. Coloca-se à disposição para ajudar a sanar possíveis dúvidas que venham a surgir. Volta a trabalhar no projeto.

10h30: Luiz para e dá uma olhada nos *e-mails*. Como ele criou filtros inteligentes no aplicativo, as mensagens de assuntos e remetentes importantes já são separadas em marcadores específicos e as propagandas e *e-mails* irrelevantes vão automaticamente para a caixa de *spam* da ferramenta.

Essa tarefa reduz a quantidade de *e-mails* que Luiz teria que ler em 30%.

Ele arquiva *e-mails* que não precisam de resposta, responde os urgentes e fáceis e cria tarefas com datas de entrega para responder os demais.

Das tarefas criadas, 80% ele delega para a equipe.

11h: O alarme do telefone toca lembrando que ele deveria entregar um documento no contador daí 30 minutos.

Lembra que já tinha agendado uma coleta e entrega de documento através do serviço *Uber Flash*.

Dá uma olhada no *Whatsapp*, responde às mensagens e constata que grande parte das solicitações dos colegas já foram resolvidas por eles mesmos.

Luiz criou um canal de urgência para os colegas da empresa. Combinaram que, caso haja alguma situação em que seja necessária intervenção imediata, eles devem entrar em contato através de ligação telefônica.

11h: Todo o dia, neste horário, Luiz faz uma reunião de 15 minutos com os colegas que receberam as delegações das tarefas diárias. Alinha a informação, recebe as entregas e faz novos pedidos.

12: Luiz vai almoçar com esposa num restaurante próximo ao escritório.

13h: Retorna ao escritório e se concentra em entregar as tarefas e solicitações menos críticas do dia.

14h: Retoma o trabalho no Projeto.

16h30: Volta a olhar os *e-mails* e as mensagens no *Whatsapp*. Respondendo conforme a estratégia já definida.

17h: O telefone toca, é o chefe pedindo que ele vá até sua sala. Pergunta sobre o andamento do projeto e o prazo de conclusão. Luiz confirma a data de entrega e apresenta um esboço de como será a versão final.

17h15: Sai da sala do chefe totalmente motivado. Liga para os colaboradores da equipe para elogiá-los. Retoma o projeto.

18h15: Sai correndo e feliz do escritório para pegar as crianças na escola.

Agora vamos resumir, de maneira bem objetiva, os cenários expostos: ***Se você não tem clareza do que precisa ser feito, não planeja o seu dia e não tem um método eficaz de trabalho, você acaba executando as tarefas e cumprindo a agenda de outras pessoas.***

Acredito que você tenha notado uma grande diferença entre o dia de Euzébio e o de Luiz. Certo?

Euzébio, basicamente, apaga incêndios. Não prioriza as tarefas e o seu dia é determinado pela forma em que as demandas batem à sua porta.

Luiz sabe o que quer, tem clareza em seus objetivos. Prioriza as tarefas que mais impactarão as suas entregas críticas. Criou uma metodologia para focar no que realmente importa, gerencia e delega o restante das atividades com a equipe.

Esperamos que estes exemplos possam demonstrar a importância de se ter um método de trabalho para alcançar a alta produtividade.

E o seu dia de trabalho? Ele é mais parecido com o de Euzébio ou o de Luiz? Você planeja o seu dia? Delega tarefas? Prioriza as tarefas mais importantes? Desenvolveu alguma metodologia que te ajude na realização das entregas importantes?

Construir um método desses não é nenhum bicho de sete cabeças, observe como Luiz definiu as atividades e montou o seu:

1 – Fazer a reunião diária de repasse e alinhamento da informação do Projeto;

2 – Utilizar todos os recursos tecnológicos disponíveis para aumentar a agilidade e a produtividade;

3 – Responder *e-mails* e mensagens de *Whatsapp* duas vezes ao dia;

4 – Reservar um tempo para entregar as atividades não críticas;

5 – Fazer reunião diária com a equipe cujas tarefas menos críticas foram delegadas;

6 – Focar o máximo possível do esforço em realizar as tarefas das entregas críticas.

Que tal aproveitar o exemplo do Luiz e montar um plano e uma metodologia de trabalho que realmente traga produtividade ao seu dia?

Existe outro detalhe muito importante e bastante delicado de se abordar: **não deixe a generosidade e a solicitude transformarem-se em transferência de responsabilidade.**

Como disse Peter Drucker, o pai da Administração:

"Não há nada mais improdutivo do que fazer com grande eficiência algo que nem deveria ter sido feito"

Agora que já abordamos os dois pilares fundamentais da produtividade, gostaríamos de reforçar a ideia da utilização de ferramentas tecnológicas para agilizar a gestão do tempo e das entregas.

Os recursos tecnológicos disponíveis hoje são abundantes e boa parte deles possuem versões gratuitas na *Internet*.

Nos próximos capítulos iremos abordar uma série de ferramentas que visam auxiliá-los, de maneira eficaz, a agilizar as tarefas do dia e aumentar a produtividade.

2 – Compartilhamento

2.1 – Conceito

O compartilhamento é o recurso de tornar arquivos e pastas disponíveis para outros usuários através da rede ou da *Internet*.

Esse é um recurso mais dinâmico que a troca de arquivos, pois torna mais fácil o controle de versões e o trabalho remoto e colaborativo entre as equipes.

Através da *Internet* é possível armazenar, editar, compartilhar e excluir arquivos, documentos, fotos, vídeos, contatos e aplicativos livremente. Tudo fica armazenado e disponível em um ambiente acessível.

O usuário precisa apenas de permissão de acesso e uma conexão com a *Internet* para poder acessar os arquivos compartilhados em nuvem. Desta forma, estes acessos podem ser feitos de qualquer lugar e a qualquer hora do dia.

Abaixo serão listadas algumas das vantagens em se compartilhar arquivos através da *Internet*:

- **Garantia de sincronização:** quando o conteúdo dos arquivos é modificado, ele é atualizado automaticamente para todos os usuários. Desta forma, a versão mais recente sempre estará disponível;

- **Controle de versão:** elimina a necessidade de gerenciar vários arquivos e suas versões. As ferramentas de compartilhamento disponíveis na *Internet* já fazem esse trabalho e facilitam a vida de todos;

- ***Backup* seguro e automático:** as ferramentas de compartilhamento de arquivos e pastas baseadas na *Internet* possuem esquemas de armazenamento seguro que protege e resguarda a informação;

- **Maior oportunidade de colaboração:** os serviços de compartilhamento na *Internet* permitem que vários colaboradores trabalhem remotamente de forma colaborativa, em um mesmo arquivo.

2.2 – Compartilhar arquivos do *Google Drive*

O *Google Drive* possui um recurso fantástico que permite que várias pessoas possam trabalhar nos mesmos arquivos/pastas ao mesmo tempo, esse recurso é conhecido como compartilhamento.

Você pode compartilhar os arquivos e as pastas armazenados no *Google Drive* com qualquer pessoa que disponha de acesso à *Internet*.

Durante a realização do compartilhamento de um arquivo ou pasta, é possível determinar quem poderá editar, comentar ou apenas visualizar o arquivo ou conteúdo das pastas.

Esta é uma poderosa ferramenta para realizar trabalhos em equipe e para otimizar o tempo de execução das tarefas.

Para habilitar o compartilhamento de pastas e arquivos, siga os seguintes passos:

Selecione o arquivo que deseja compartilhar e clique com o botão direito do *mouse*. Na janela aberta, escolha a opção "Compartilhar".

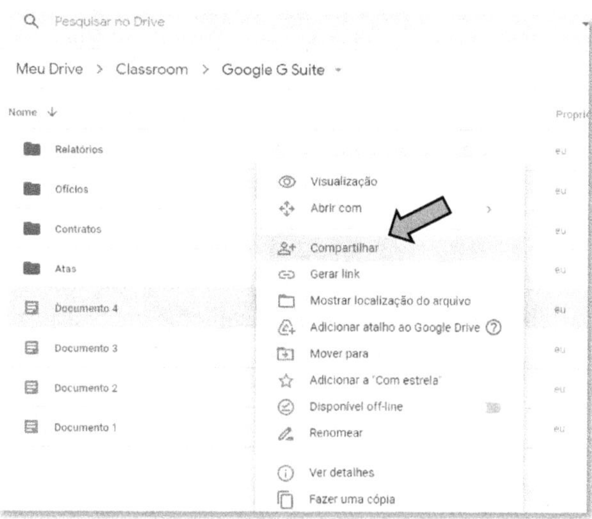

Você também pode acessar a opção de compartilhamento ao selecionar o arquivo e clicar no ícone "" que se encontra no menu superior direito da janela.

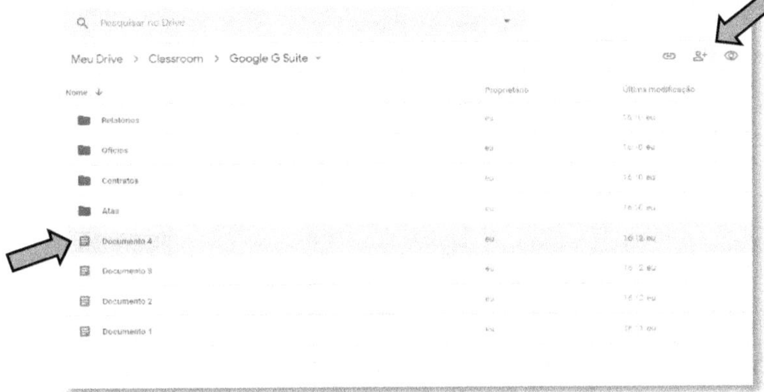

Caso você queira compartilhar várias pastas/arquivos ao mesmo tempo, basta pressionar a tecla *Shift* e selecionar os arquivos desejados. Após realizar a seleção, clique na opção *"Compartilhar "* que se encontra no canto superior direito da janela.

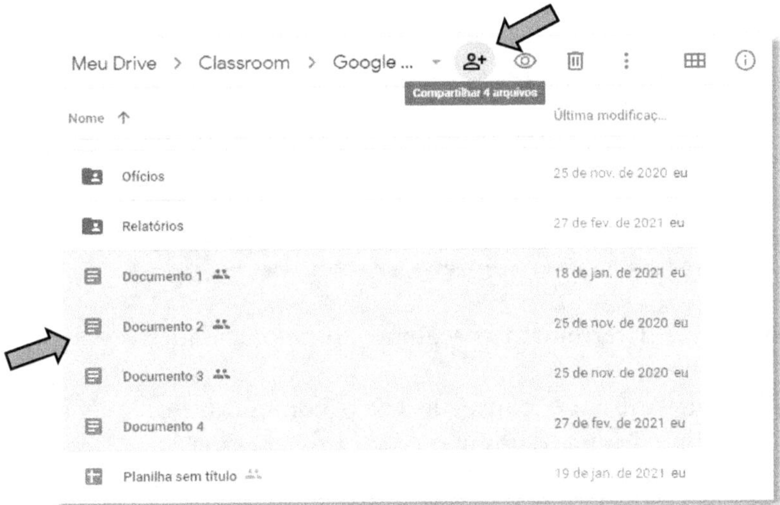

Após acessar a opção de compartilhamento, chegou a hora de você escolher quem terá acesso ao conteúdo disponibilizado.

Selecione a opção *"Compartilhar com pessoas e grupos"* e informe os endereços de *e-mail* das pessoas com quem você quer compartilhar.

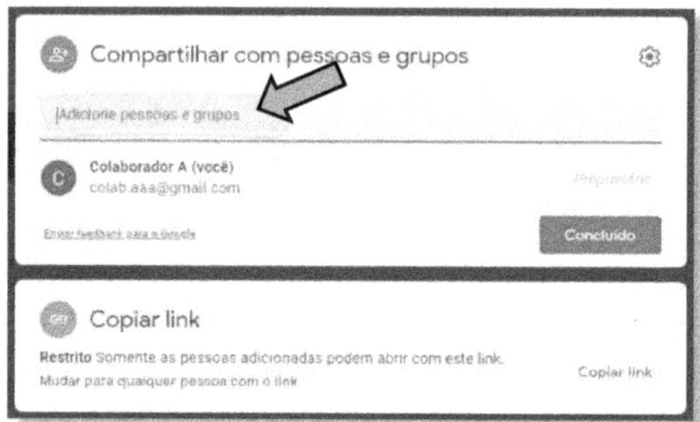

Pronto! Agora que você já definiu quem poderá acessar o arquivo, chegou a hora de determinar quais as permissões essas pessoas terão.

Selecione na lateral direita, o ícone de seta para baixo e escolha as opções: *Leitor, Comentarista* e *Editor.*

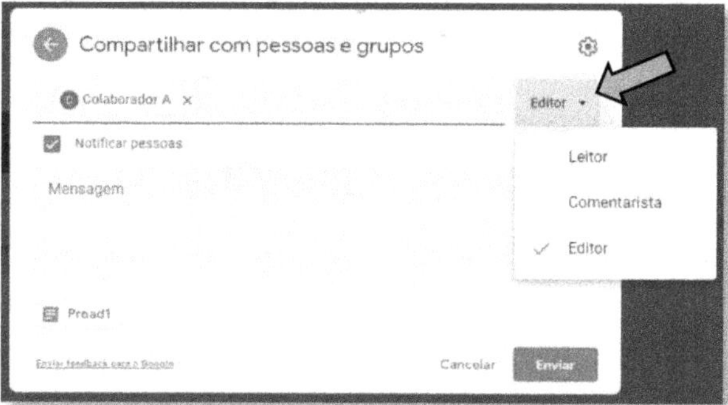

Estas opções determinam as seguintes funcionalidades:

Leitor: o usuário consegue ver o conteúdo. Porém, não pode alterar nem compartilhar o arquivo com outras pessoas;

Comentarista: o usuário consegue ver o conteúdo, fazer comentários e sugestões. Porém, não pode alterar nem compartilhar o arquivo com outras pessoas;

Editor: o usuário consegue ver e fazer alterações no conteúdo, pode aceitar ou rejeitar sugestões e tem a permissão de compartilhar o arquivo com outros usuários.

Além de definir as pessoas e as permissões que elas terão através do compartilhamento, você pode informar essas pessoas sobre a concessão de acesso através de mensagens de *e-mail*. Para que esta notificação seja disparada, basta marcar a opção *"Notificar pessoas"*. Caso não queira que esta mensagem seja enviada, simplesmente desmarque esta opção.

Caso haja a necessidade de aumentar a segurança da informação, é possível aplicar outras restrições aos arquivos compartilhados:

1 - Restrição de *download* e impressão: a ferramenta traz a possibilidade de impedir que os usuários com permissão *Leitor* e *Comentarista* possam imprimir, copiar ou fazer *download* do arquivo;

2 - Restrição de permissões e compartilhamento: é possível impedir que os usuários com permissão *Editor* possam alterar permissões e realizar novos compartilhamentos dos arquivos.

Para implementar essas restrições, basta acessar o ícone de engrenagem ⚙ que se encontra na lateral direita da janela.

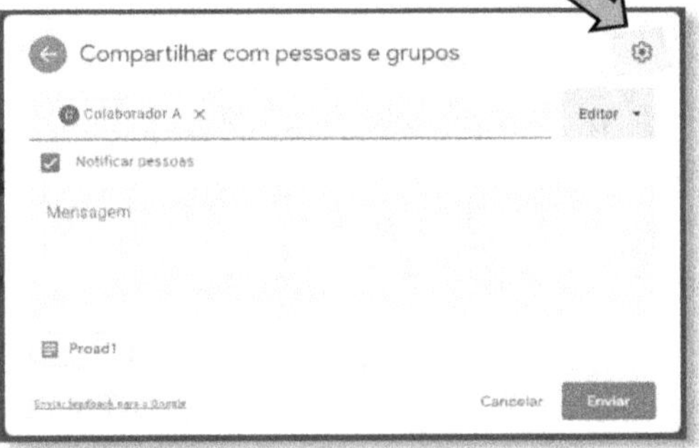

Após selecionar a opção, será aberta uma janela com as seguintes alternativas: *"Os editores podem alterar permissões e compartilhar"* e *"Os leitores e comentaristas podem ver a opção de fazer o download, imprimir e copiar"*. Basta marcar as opções para que as configurações sejam ativadas.

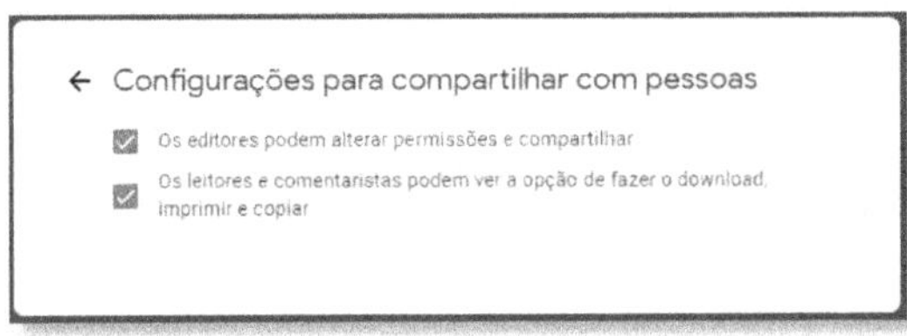

Para concluir o compartilhamento do arquivo, basta clicar no botão *"Enviar"*, assim o *link* do compartilhamento será enviado para os endereços de *e-mail* informados.

Você também pode utilizar o campo *"Mensagem"* para escrever alguma informação ou orientação que julgue pertinente.

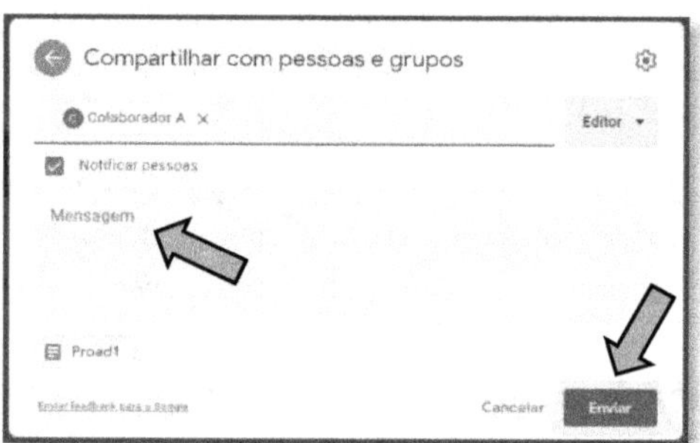

Caso você não tenha o endereço eletrônico das pessoas, o *Google* disponibiliza o recurso de compartilhamento de arquivos através da geração de um *link* de acesso. Dessa forma, qualquer pessoa que receba o *link*, terá o acesso ao arquivo compartilhado, sem ter a necessidade de ter seu endereço eletrônico cadastrado.

Para gerar o *link* do compartilhamento, basta selecionar o arquivo e clicar na opção " ⊖ Gerar link ".

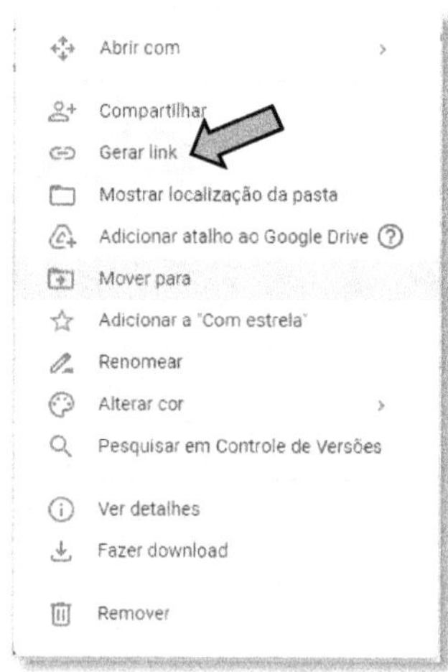

A janela de compartilhamento com o *link* gerado surge na tela. Para copiar o *link*, basta clicar no botão *"Copiar link"* e depois no botão *"Concluído"*.

Você pode encaminhar esse *link* através de mensagem eletrônica para as pessoas que poderão acessar o arquivo.

Lembre-se, se esse *link* for distribuído para outras pessoas, elas também terão acesso ao conteúdo do arquivo.

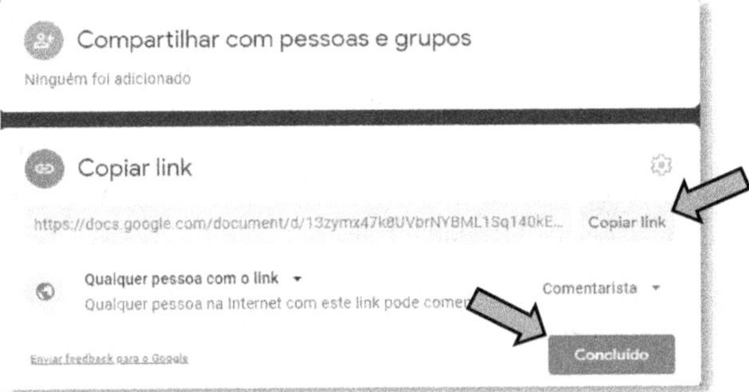

Caso utilize o compartilhamento através dos *links* gerados e queira manter o controle de quem acessa o arquivo, você poderá implementar algumas restrições disponíveis na ferramenta.

Selecione a seta para baixo na opção *"Restrito"* para ter acesso às demais configurações.

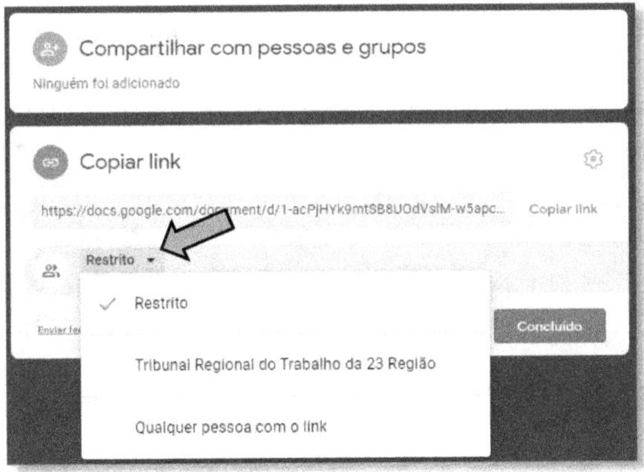

Basicamente temos três opções:

Restrito: apenas os usuários que já tenham permissão de acesso cadastrada no compartilhamento poderão utilizar o *link* para acessar o arquivo;

Sua organização: caso sua empresa utilize pacotes empresariais do *Google*, você pode limitar o acesso através dos *links* de compartilhamento apenas às pessoas pertencentes a sua organização;

Qualquer pessoa com o *link*: trata da permissão mais abrangente. Qualquer pessoa de posse do *link* terá acesso ao arquivo.

Além de definir quem poderá acessar o arquivo através do link de compartilhamento, é possível ajustar as permissões desses acessos. Para definir o que as pessoas poderão fazer com o arquivo, selecione a seta para baixo na opção "*Leitor*".

São disponibilizadas as seguintes opções:

Leitor: o usuário consegue ver o conteúdo. Porém, não pode alterar nem compartilhar o arquivo com outras pessoas;

Comentarista: o usuário consegue ver o conteúdo, fazer comentários e sugestões. Porém, não pode alterar nem compartilhar o arquivo com outras pessoas;

Editor: o usuário consegue ver e fazer alterações no conteúdo, pode aceitar ou rejeitar sugestões e tem a permissão de compartilhar o arquivo com outros usuários.

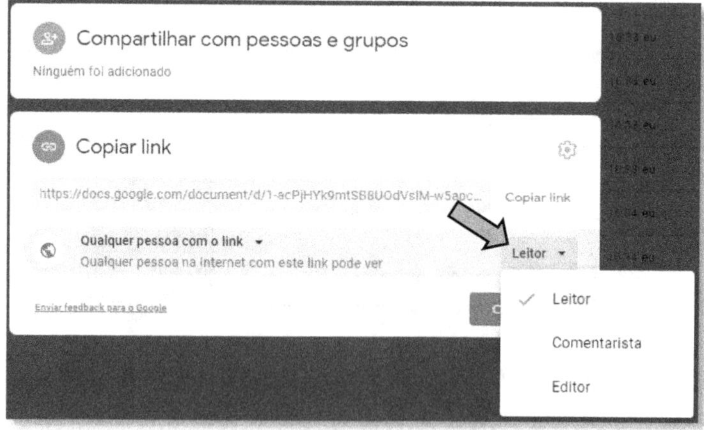

Após definir as configurações, basta clicar no botão *"Copiar link"* e depois no botão *"Concluído"*.

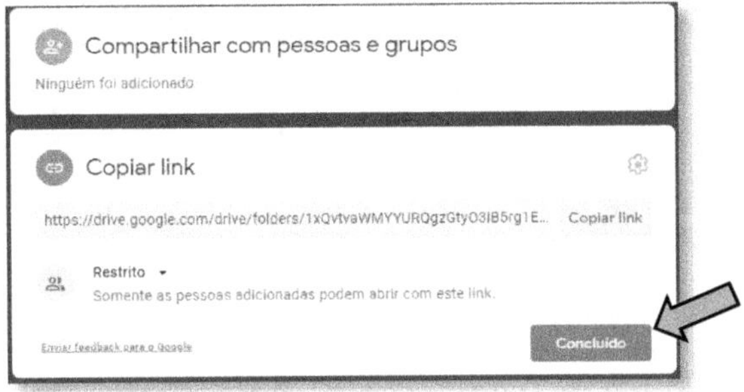

2.3 – Compartilhar pastas no *Google Drive*

Da mesma forma que fizemos com os arquivos, você pode realizar o compartilhamento de pastas dentro do *Google Drive*.

Segue o roteiro para aplicar o compartilhamento de pastas:

Selecione a pasta que deseja compartilhar e clique com o botão direito. Na janela aberta, escolha a opção "⁺☺ *Compartilhar*".

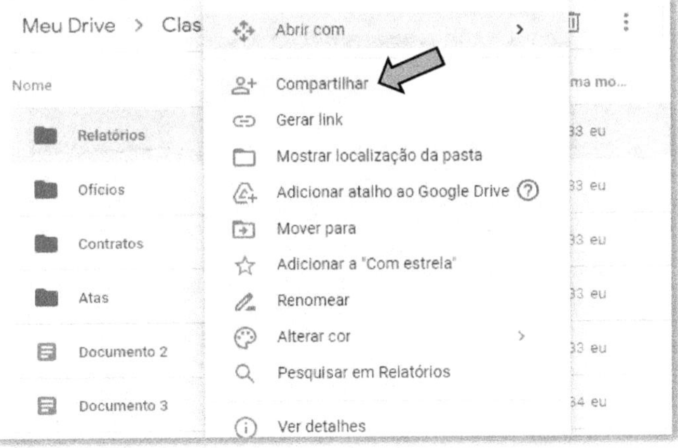

Outra maneira de realizar o compartilhamento de pastas é selecionando o arquivo e clicando sobre o ícone ![icone], na lateral superior direita.

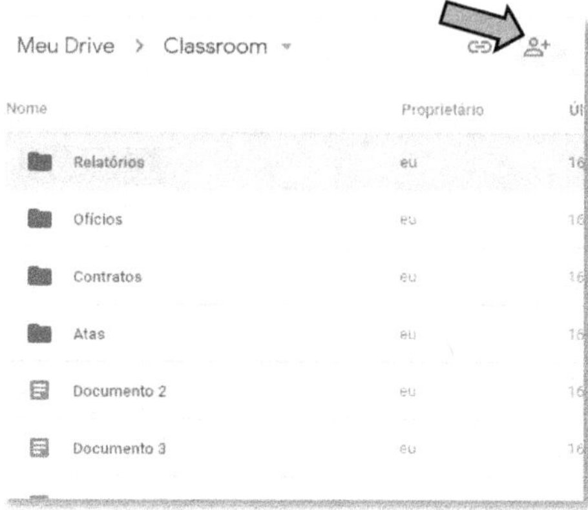

Aparecerá a janela de configuração do compartilhamento. Selecione o campo *"Adicione pessoas e grupos"* e informe os endereços de *e-mail* das pessoas com quem você deseja compartilhar a pasta.

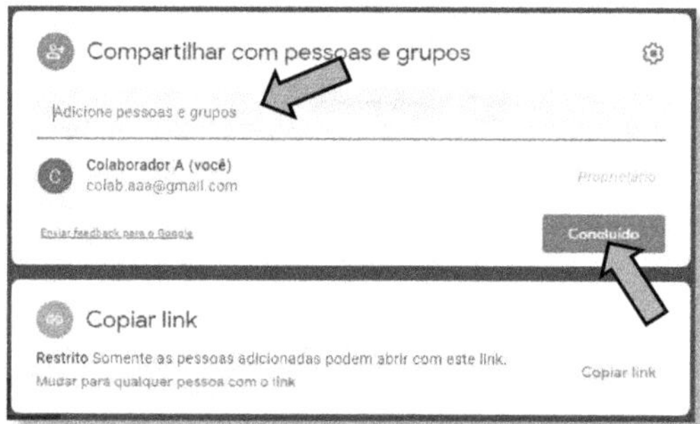

Para determinar quais permissões o usuário terá na pasta, clique na seta para baixo ▼, na opção *"Editor"*.

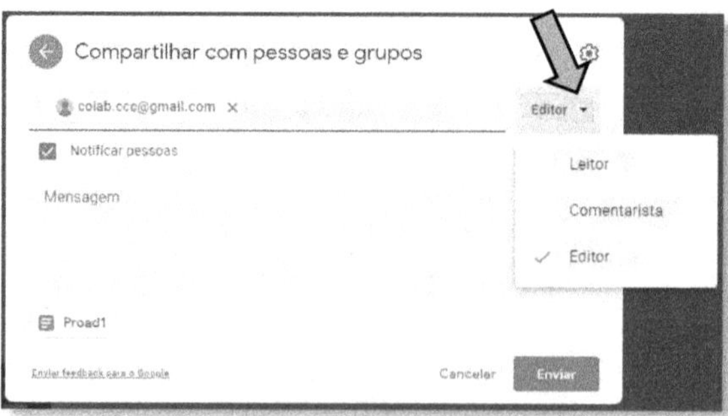

O recurso de compartilhamento através de *link* também está disponível para as pastas do *Google Drive*.

Para gerar o *link*, selecione a pasta, clique sobre ela com o botão direito e selecione a opção " ⊖ Gerar link ".

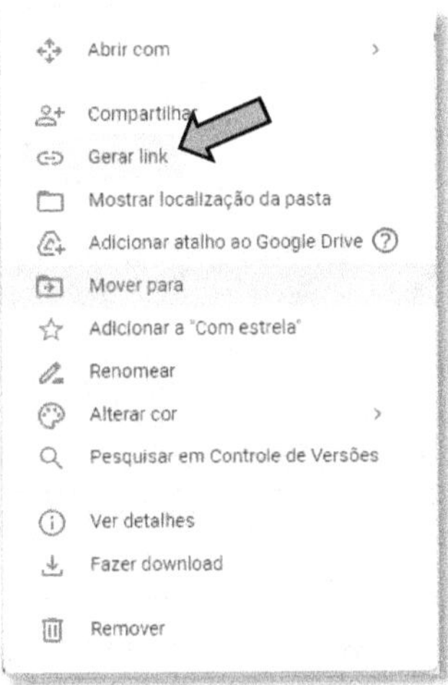

Da mesma forma que no compartilhamento de arquivos, a janela com o *link* gerado surge na tela. Para copiar o *link*, basta clicar no botão *"Copiar link"* e depois no botão *"Concluído"*. Você pode encaminhar esse *link* através de mensagem eletrônica para as pessoas que poderão acessar o arquivo. Lembrar não custa nada, se esse *link* for distribuído para outras pessoas, elas também terão acesso ao conteúdo do arquivo.

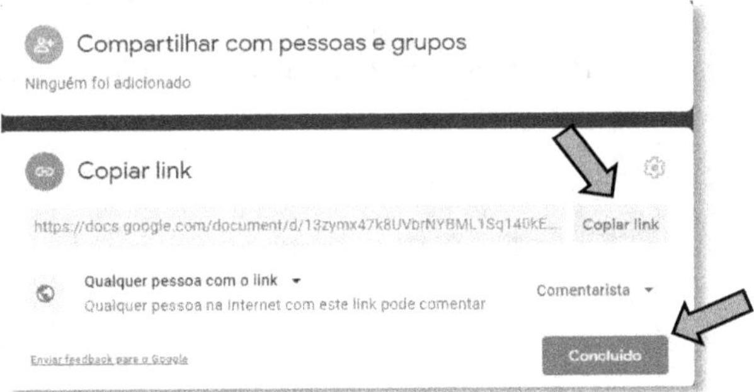

Caso utilize o compartilhamento através dos *links* gerados e queira manter o controle de quem acessa o arquivo, você poderá implementar algumas restrições disponíveis na ferramenta.

Selecione a seta para baixo na opção *"Restrito"* para ter acesso às demais configurações.

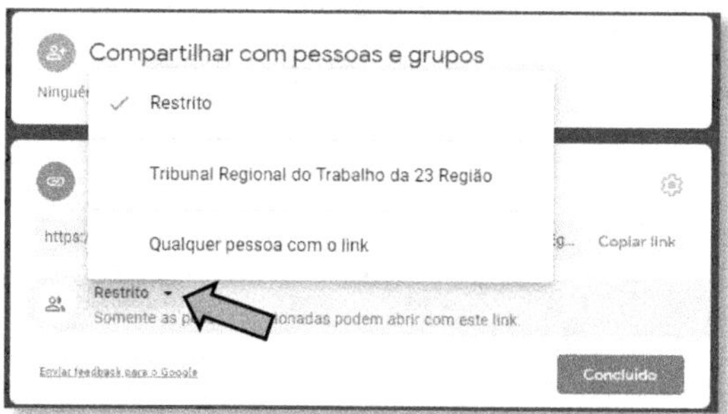

Basicamente, temos três opções:

Restrito: apenas os usuários que já tenham permissão de acesso cadastrada no compartilhamento poderão utilizar o *link* para acessar o arquivo;

Sua organização [nome da sua organização]: caso sua empresa utilize pacotes empresariais do *Google*, você pode limitar o acesso através dos *links* de compartilhamento apenas as pessoas pertencentes a sua organização;

Qualquer pessoa com o *link*: trata da permissão mais abrangente. Qualquer pessoa que tenha o *link* pode usar o arquivo, sem fazer *login* na Conta do *Google*.

Além de definir quem poderá acessar o arquivo através do *link* de compartilhamento, é possível ajustar as permissões desses acessos. Para definir o que as pessoas poderão fazer com o arquivo, selecione a seta para baixo na opção *"Leitor"*.

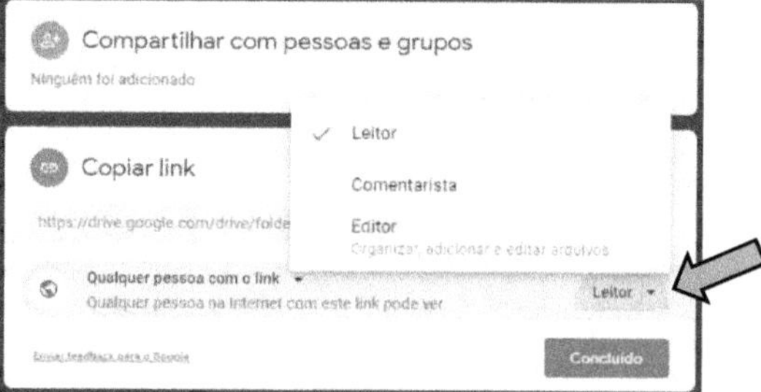

Editor: pessoas com estas permissões podem abrir, editar, excluir ou mover qualquer arquivo na pasta, desde que façam *login* na conta do *Google*. Elas também poderão adicionar arquivos à pasta e mudar permissões;

Comentarista: ver *drives* compartilhados, arquivos e pastas e comentar em arquivos nos *drives* compartilhados;

Leitor: podem ver a pasta e abrir todos os arquivos contidos nela.

Quando você compartilha uma pasta, as configurações e permissões são herdadas pelos arquivos e subpastas contidos nela.

2.4 – Parar, limitar ou alterar o compartilhamento

Podem existir casos em que seja necessário retirar o compartilhamento de determinada pasta ou arquivo. Caso surja esta necessidade, basta seguir os passos abaixo:

Selecione o arquivo/pasta e abra as opções de compartilhamento. Você pode excluir o compartilhamento feito para uma pessoa, várias ou todas.

Clique na seta para baixo ▼ , à direita do nome do usuário e selecione a opção "*Excluir*". Em seguida, clique no botão "*Salvar*". Você pode excluir uma pessoa, várias ou todas.

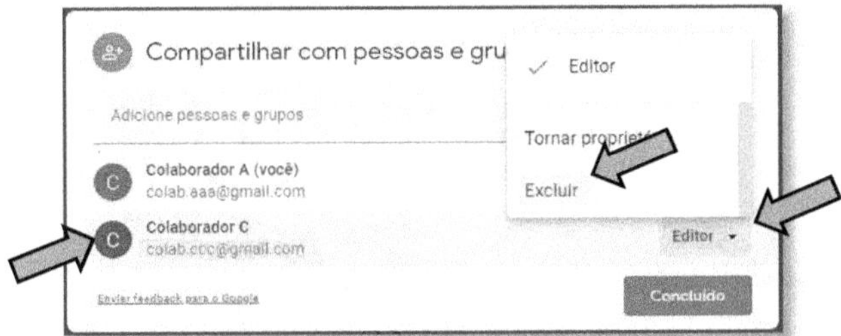

Caso você tenha disponibilizado o compartilhamento via *link*, basta acessar a opção de compartilhamento e marcar a opção "*Restrito*".

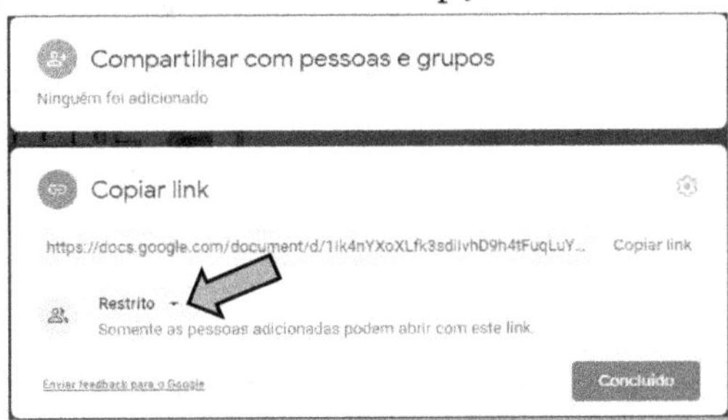

Neste caso, se houver endereços de *e-mail* cadastrados no compartilhamento com pessoas, os proprietários destes *e-mails* continuarão tendo acesso a este compartilhamento. Para que ninguém tenha acesso ao arquivo/pasta, certifique-se de marcar a opção "*Restrito*" na configuração de compartilhamento via *link* e de excluir os endereços de e-mail da opção de compartilhamento com pessoas e grupos.

Para alterar as configurações de permissão de acesso feitas em determinado compartilhamento, basta entrar nas configurações e mudar as permissões conforme nova necessidade.

2.5 – Encontrar arquivos compartilhados com você no *Google Drive*

Existe uma forma simples e prática de encontrar todos os arquivos e pastas que foram compartilhados por outras pessoas com você.

Essa opção é bastante útil e auxilia na localização destes compartilhamentos.

Acesse a janela principal do *Google Drive* e selecione a opção "*Compartilhados comigo*", no menu lateral esquerdo.

Nesta opção, é possível encontrar os seguintes itens:

- Arquivos compartilhados com você;
- Pastas compartilhadas com você;
- Arquivos compartilhados por um *link* que você abriu.

Começando pelo arquivo mais recente compartilhado com você, a lista mostrará:

- A data em que o arquivo foi compartilhado;
- O proprietário do arquivo;
- O tipo de documento.

2.6 – Remover arquivos ou pastas que outras pessoas compartilharam com você

Caso queira remover arquivos e pastas que outras pessoas compartilharam com você, basta realizar a seguinte tarefa:

Acesse a opção *"Compartilhados comigo"* no menu lateral esquerdo. Clique com o botão direito do *mouse* sobre o arquivo que deseja remover e então selecione a opção *"Remover"*.

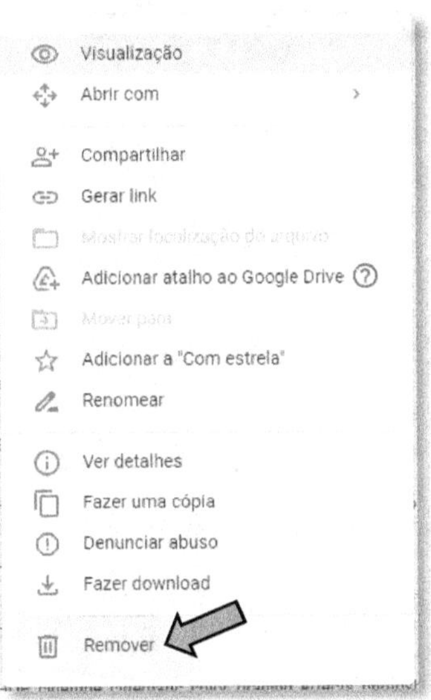

Vale deixar claro que, se você abrir o arquivo que removeu, ele será exibido novamente na opção *"Compartilhados comigo"*.

2.7 – Transferir a propriedade do seu arquivo

No *Google Drive* certos recursos somente são disponibilizados ao dono do arquivo/pasta. Essa característica pode trazer transtorno caso o proprietário esteja ausente. Para solucionar estes casos, o dono pode transferir a propriedade do arquivo/pasta para outra pessoa. Caso exista a necessidade de realizar essa transferência, siga os passos:

Selecione a pasta compartilhada. No canto superior direito, clique em *Compartilhar* ⚐⁺, à direita do nome da pessoa, clique na seta para baixo ▼ e selecione a opção *"Tornar proprietário"*.

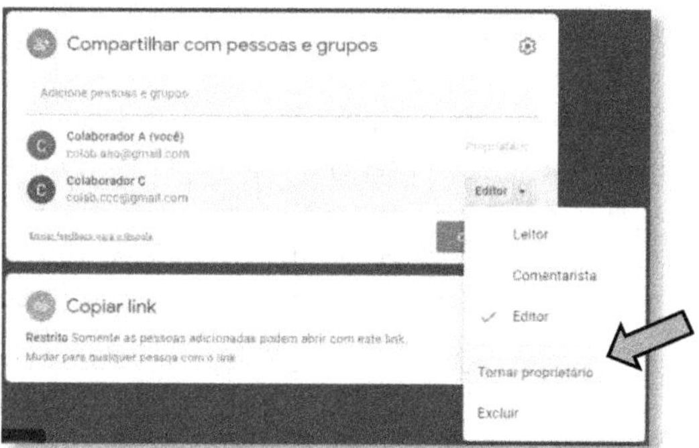

A seguinte mensagem surgirá:

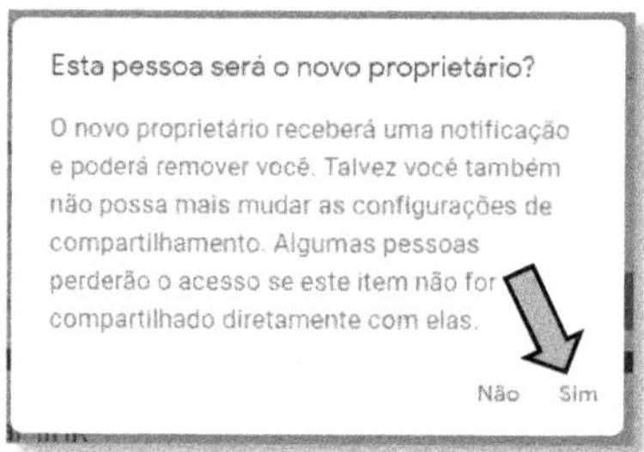

Clique na opção *"Sim"* para realizar a transferência de propriedade e posteriormente em *"Concluído"*.

2.8 – Compartilhar a Versão Final de um Documento

Apesar do *Google* fazer o controle de versão dos arquivos, ainda existem pessoas que utilizam a opção de criar um arquivo para cada versão do documento.

Em ambos os casos é interessante proteger a versão final, evitando que acidentes durante a manipulação dos arquivos possam comprometer a entrega final de um trabalho.

Para compartilhar um arquivo como versão final, siga os seguintes passos:

Renomeie o arquivo e informe que esta é a versão final do documento.

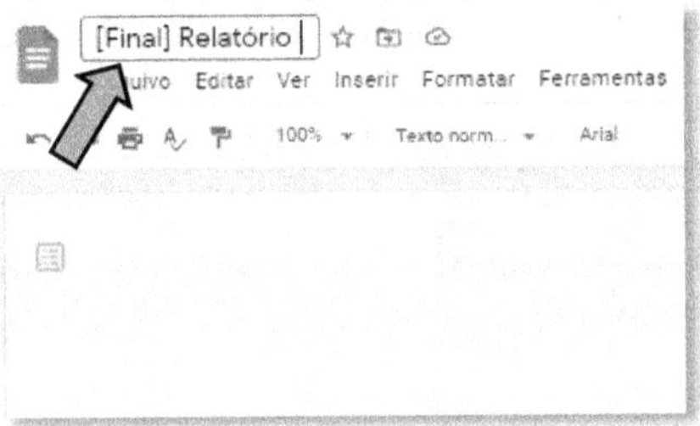

Agora altere as permissões dos usuários para que eles possam apenas visualizar o conteúdo. Clique sobre o arquivo e selecione a opção *"Compartilhar"*.

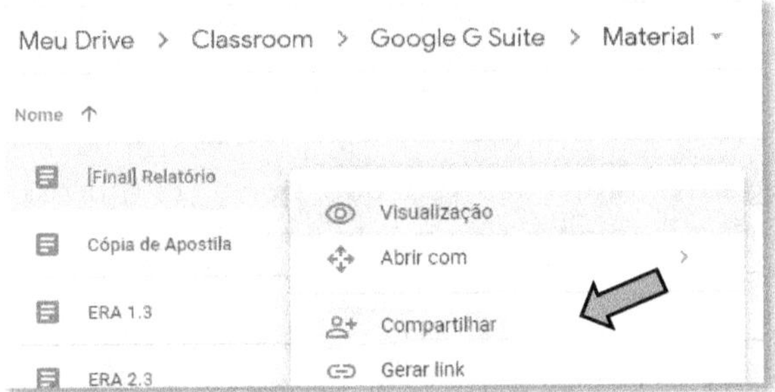

Selecione o nome das pessoas que estão com permissão de acesso ao documento e altere estas permissões para *"Leitor"*.

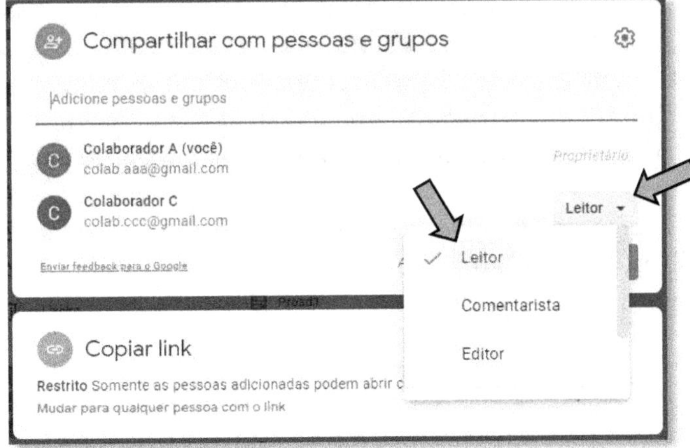

Para os casos em que o compartilhamento foi realizado através de *link*, basta selecionar as opções de permissão e selecionar *"Leitor"*. Desta forma, as pessoas que tiverem acesso ao documento através do *link*, não terão permissão de alteração no arquivo.

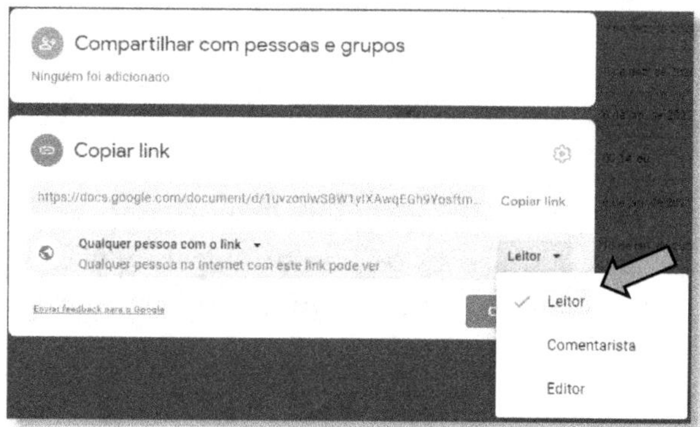

2.9 – Limitar o Tempo de Compartilhamento

Existem algumas situações em que pode ser necessário limitar o tempo de compartilhamento de um arquivo ou pasta.

Imagine que hoje é dia 05 e sua equipe precisa entregar uma versão final de um documento para um cliente no dia 20. Você pode compartilhar este arquivo com sua equipe e combinar a data de pré-entrega, para que possa fazer uma revisão geral, no dia 18.

Neste caso, existe uma configuração, nas versões comerciais do *Google Drive*, que possibilita estabelecer um período de vigência de acesso aos compartilhamentos. Assim é possível criar um compartilhamento no dia 05 e configurá-lo para expirar no dia 18. Desta forma, evita-se que alterações acidentais ocorram na versão final do documento.

Para implementar esse recurso, entre nas configurações de compartilhamento do arquivo/pasta, selecione o usuário e clique na opção de permissão. Acesse o item *"Permitir acesso temporário"*.

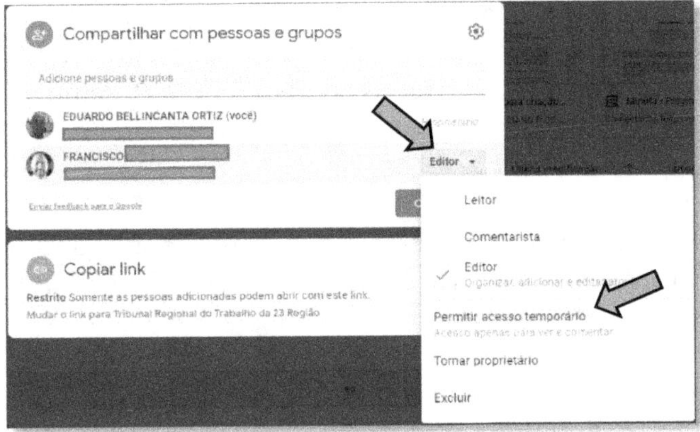

Na janela de configuração de compartilhamento, surgirá a opção para que seja informada a data de expiração do acesso. Selecione a data no calendário e salve as configurações de compartilhamento para gravar a informação.

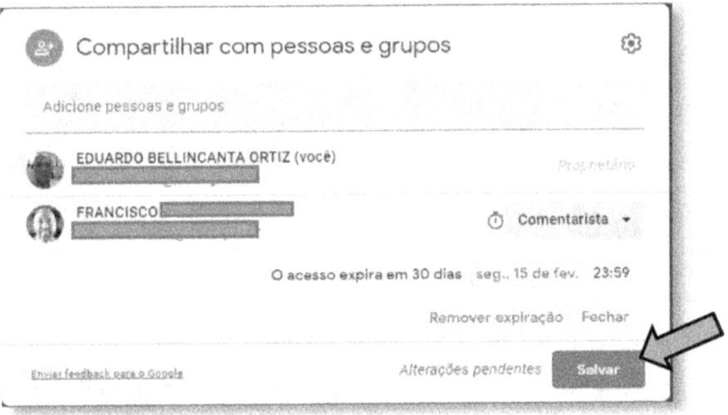

Esta configuração só é permitida para compartilhamentos com permissão de *Comentarista* ou de *Leitor*. Caso seja implementada em usuário com a permissão de *Editor*, automaticamente este usuário terá a permissão alterada para *Comentarista*.

2.10 - Compartilhar links para versões em PDF dos seus arquivos

Muitas vezes é necessário disponibilizar arquivos em formato *PDF*. O grande problema da gestão desses arquivos é que para cada mudança, o arquivo editável deve ser alterado e uma nova versão em *PDF* gerada e disponibilizada aos usuários.

Para ajudar nesta tarefa, o *Google* disponibiliza um recurso interessante. Utilizando as ferramentas de documentos e planilhas do *Google*, não é necessário converter os arquivos em *PDF* sempre que quiser compartilhá-los. Basta alterar o *link* de compartilhamento e o *Google* já entrega o arquivo em *PDF*.

Para disponibilizar um *link* em *PDF* de um arquivo do *Google*, basta realizar o compartilhamento do arquivo e alterar o final do *link* de acesso (*URL*) da seguinte forma:

Copiar o *link* do compartilhamento e cole em um editor de texto. O *link* copiado terá o seguinte formato:

https://docs.google.com/document/d/TCbsmY1bzxRUAc0jI sjVcqHk0pA/edit?usp=sharing

Apagar a parte em negrito e substitua pelo texto **"export?format=pdf"**, conforme instruções:

Link original:

https://docs.google.com/document/d/TCbsmY1bzxRUAc0jIsjVcqHk0pA/**edit? usp=sharing**

Final apagado:

https://docs.google.com/document/d/TCbsmY1bzxRUAc0jIsjVcqHk0pA/

Link editado:

https://docs.google.com/document/d/TCbsmY1bzxRUAc0jIsjVcqHk0pA/**expo rt?format=pdf**

Basta encaminhar o *link* para os usuários e assim que selecionarem o caminho, será aberta a janela do gerenciador de arquivo, solicitando que seja informado o local onde deverá ser salva a versão do arquivo em *PDF*.

Desta forma, a cada alteração que houver no arquivo, não será necessária a geração da versão em *PDF*, pois toda vez que um usuário o acessar, automaticamente a última versão será encaminhada no referido formato.

2.11 - Arquivos que você pode armazenar no *Google Drive*

A seguir, será listada as características e tipos de arquivos que são suportados e poderão ser utilizados no *Google Drive*, vamos a eles:

Tamanhos de arquivo

Estes são os tamanhos máximos de arquivo que você pode armazenar no *Google Drive*:

Documentos
Até 1,02 milhão de caracteres.
Até 50 *MB* para arquivos de texto convertidos no formato do Documentos *Google*.

Planilhas
Até 5 milhões de células ou 18.278 colunas (coluna ZZZ) para planilhas criadas ou convertidas no *Planilhas Google*.

Até 5 milhões de células ou 18.278 colunas para planilhas importadas do *Microsoft Excel*: os limites são os mesmos para importações de arquivos *CSV* e do *Excel*.

Se uma única célula tiver mais de 50.000 caracteres, ela não será carregada.

Apresentações
Até 100 *MB* para apresentações convertidas no Apresentações *Google*.
Google Sites (novo).
Até 200.000 caracteres por página.
Até 10.000 imagens por *site*.
Até 1.000 páginas (máximo de 10 milhões de caracteres).
Todos os outros arquivos.
Até 5 *TB*.

Tipos de arquivos compatíveis

Qualquer tipo de arquivo pode ser armazenado no *Drive*. Estes são os tipos de arquivos mais comuns que você pode ver no *Google Drive*:

Arquivos gerais;
Arquivos compactados (*.ZIP, .RAR, tar, gzip*);
Formatos de áudio (*.MP3, .MPEG, .WAV, .ogg, .opus*);
Arquivos de imagem (*.JPEG, .PNG, .GIF, .BMP, .TIFF, .SVG*);

Marcação/código (*.CSS, .HTML, .PHP, .C, .CPP, .H, .HPP, .JS, java, .py*);

Arquivos de texto (*.TXT*);

Arquivos de vídeo (*WebM, .MPEG4, .3GPP, .MOV, .AVI, .MPEGPS, .WMV, .FLV, .ogg*).

Arquivos *Adobe*

Autodesk AutoCad (*.DXF*).
Illustrator (*.AI*).
Photoshop (*.PSD*).
Formato de documento portátil (*.PDF*).
PostScript (*.EPS, .PS*).
Scalable Vector Graphics (*.SVG*).
Formato do arquivo de imagem com *tag* (*.TIFF*, melhor com imagens RGB *.TIFF*).
TrueType (*.TTF*).

Arquivos *Microsoft*

Excel (*.XLS* e *.XLSX*).
PowerPoint (*.PPT* e *.PPTX*).
Word (*.DOC* e *.DOCX*).
XML Paper Specification (*.XPS*).
Arquivos do *Microsoft Office* protegidos por senha.
Arquivos da *Apple*.
Arquivos do editor (*.key, .numbers*).

Fonte: *Google*

3 - COLABORAÇÃO

3.1 – Colaboração em documentos e planilhas

Atualmente, o trabalho remoto não é mais considerado um benefício concedido ao bom empregado. Agora, tornou-se a realidade de uma grande parte dos trabalhadores.

A velocidade e a agilidade na entrega dos trabalhos tornam-se extremamente difíceis sem a colaboração entre as equipes. A partir deste novo cenário, as empresas devem investir, fomentar e fortalecer esse espírito dentro das equipes.

Uma excelente forma de viabilizar a colaboração remota se dá através da disponibilização de ferramentas digitais e insumos para que a comunicação se torne simples e eficiente.

A chave é criar uma infraestrutura que permita a padronização dos processos de trabalho, evitando que cada colaborador realize as tarefas de uma maneira diferente. O foco não deve ser "de onde e quanto você trabalha", mas sim "quanto e como você entrega".

Neste módulo, serão abordadas as ferramentas e recursos disponibilizados pelo *Google* para a realização de trabalhos colaborativos em documentos e planilhas.

3.2 – Modos de interação

Como visto anteriormente, as ferramentas do *Google* permitem o compartilhamento de documentos e pastas com as seguintes permissões de acesso:

Leitor: o usuário consegue ver o conteúdo. Porém, não pode alterar nem compartilhar o arquivo com outras pessoas;

Comentarista: o usuário consegue ver o conteúdo, fazer comentários e sugestões. Porém, não pode alterar nem compartilhar o arquivo com outras pessoas;

Editor: o usuário consegue ver e fazer alterações no conteúdo, pode aceitar ou rejeitar sugestões e tem a permissão de compartilhar o arquivo com outros usuários.

Esta informação parece básica. Entretanto, é o pilar de todo o conteúdo deste módulo. A seguir serão abordadas as boas práticas para utilização destas permissões:

Leitor: geralmente concedida em documentos oficiais ou versões finais. Permite somente a leitura e, em alguns casos, até mesmo a cópia, o *download* e a impressão são restringidas. Também pode ser utilizada para disponibilizar acesso a modelos de documentos e planilhas. Em alguns casos, essa permissão é concedida na elaboração de documentos para pessoas que não participaram da construção, porém, devem ter conhecimento do conteúdo;

Comentarista: esta permissão é largamente utilizada para a validação e revisão de minutas e de documentos em fase final de entrega. É possível fazer e controlar as sugestões de alterações de forma simples e eficiente;

Editor: permissão concedida para as pessoas que construirão, de forma colaborativa e remota, a construção de conteúdo. O trabalho é dividido entre as pessoas e elas têm a possibilidade de escrever um documento de forma simultânea. O controle destas inserções múltiplas é feito pelo controle de versões do *Google*.

3.3 – Sugerir edições nos Documentos *Google*

Conforme visto anteriormente, a opção de *Comentarista* permite que o usuário faça sugestões no conteúdo do arquivo. Esse é um recurso extremamente útil para a realização de trabalhos colaborativos.

A função de comentário pode ser concedida através dos recursos de compartilhamento. Somente pessoas com direito de *Editor* ou *Comentarista* poderão realizar sugestões no conteúdo do arquivo.

Geralmente, o proprietário do arquivo concede permissão a outros usuários realizarem sugestões nos arquivos compartilhados.

Caso o usuário tenha somente permissão de leitura, o recurso não estará disponível. Caso tenha somente o direito de comentar e não de editar, essa opção estará habilitada automaticamente.

Já para aqueles usuários que possuem o direito de editar o arquivo, basta selecionar a opção *"Edição > Sugestões"*, no canto superior direito da janela, para habilitar o recurso.

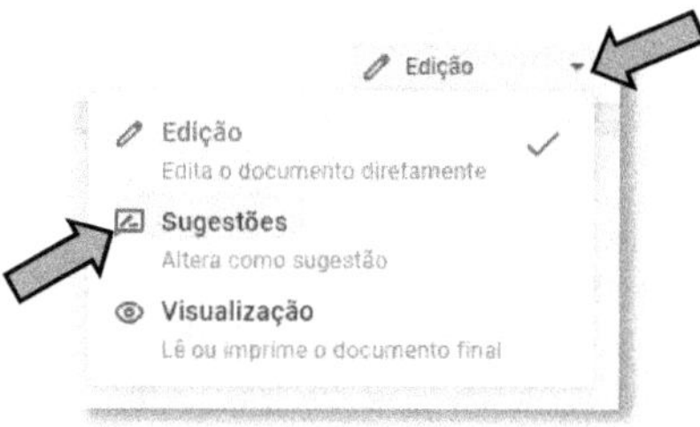

Para sugerir alterações em um arquivo, basta certificar que a opção de sugestão está selecionada e fazer as mudanças no conteúdo.

Na visão do usuário que está realizando as sugestões, conforme faz as mudanças, o texto assume a cor verde e, na lateral direita, são exibidas as caixas de alterações que detalham as ações.

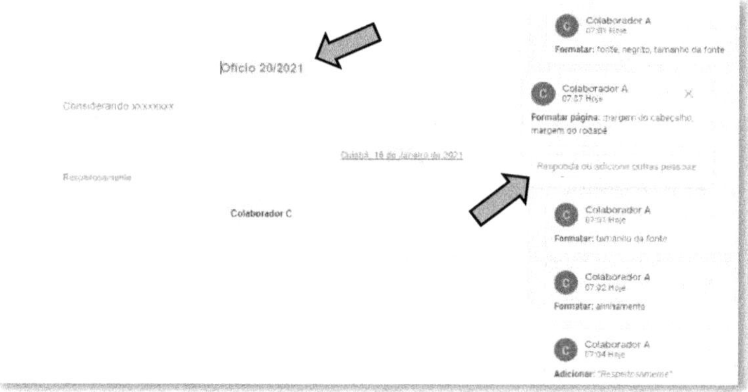

Já na visão do proprietário do arquivo, os textos das sugestões irão assumir uma cor para cada usuário que fizer as alterações.

O proprietário do arquivo pode aceitar ou rejeitar as sugestões feitas. Caso rejeite, a sugestão some e deixa de existir. Caso aceite, ela é incluída ou substitui o conteúdo alterado.

Para aceitar as sugestões, basta clicar no ícone ✓ que se encontra na caixa de sugestões. Para rejeitar, clique no ícone ✕. Vale frisar que apenas os usuários que possuem permissão de edição podem aceitar ou negar as sugestões.

3.4 – Adicionar comentários e atribuir tarefas

Além das sugestões no conteúdo de arquivos, os usuários podem selecionar trechos do arquivo e fazer comentários e apontamentos.

Estes comentários podem ser direcionados a outros usuários e transformados em tarefas. Para realizar a inclusão de comentários, basta seguir os passos:

Selecione no arquivo o texto, as imagens, as células ou os *slides* onde deseja fazer o comentário e clique em *"Adicionar comentário"* na barra de ferramentas.

Digite seu comentário na caixa de texto e clique no botão *"Comentário"* para registrar a informação.

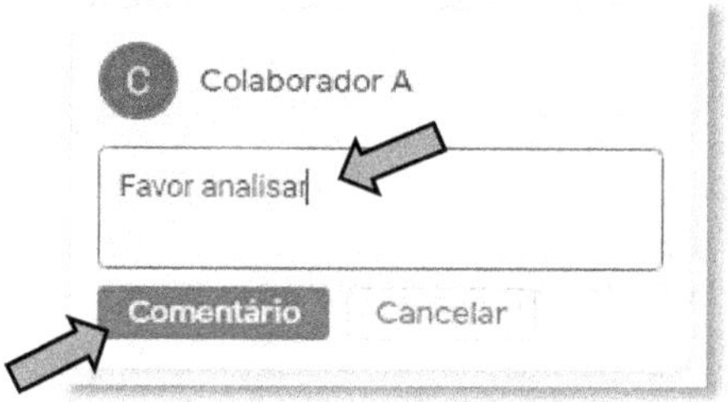

Após salvar o comentário, ele será visualizado no canto direito da janela.

Para editar um comentário existente, basta clicar no ícone ⋮ . Será aberta uma janela com as opções de *"Editar"* e *"Excluir"*. Clique na opção *"Editar"* e faça as devidas alterações. Clique em *"Salvar"* para finalizar a edição.

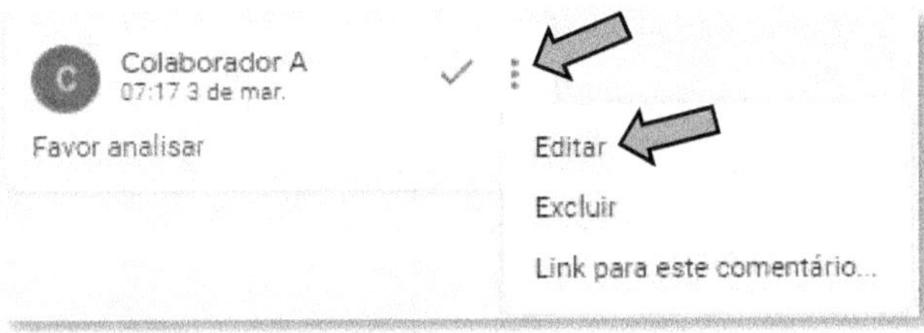

Caso queira ter certeza de que uma pessoa específica veja o comentário, é possível mencioná-la no texto. Dessa forma, a pessoa receberá uma notificação por *e-mail* com o comentário feito.

Para mencionar uma pessoa, digite o nome dela, com a primeira letra maiúscula, no campo de texto da caixa de comentário. Também é possível adicionar o endereço de *e-mail* do usuário.

Caso você mencione um usuário que não tem permissão para acessar o arquivo, automaticamente você receberá uma solicitação para permitir o acesso à pessoa mencionada.

Após realizar a menção, a caixa de comentário apresentará, além da mensagem inserida, a informação de identificação do usuário.

Existe também a opção de interação através dos comentários registrados. É possível responder e trocar informação dentro da estrutura de comentários.

Caso tenha a permissão de editar ou comentar no documento, poderá fazê-lo da seguinte forma:

Clique no comentário, em seguida clique em responder e digite o texto. Para salvar, basta clicar no botão *"Responder"*.

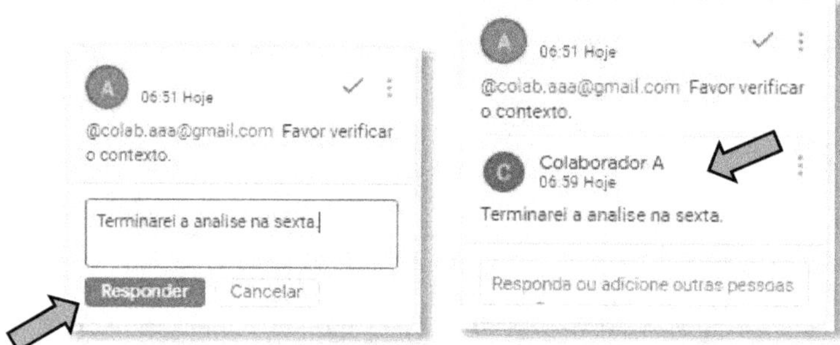

Também é possível configurar o documento para enviar notificação quando um comentário for feito. Para realizar essa parametrização, basta clicar no botão comentário 🗨 , localizado no canto superior direito da janela, pressionar a opção *"Notificações"* e selecionar quando será gerada a notificação.

- **Tudo:** sempre que houver um novo comentário será gerada a notificação;
- **Somente suas:** sempre que alguém responder aos seus comentários ou a comentários aos quais você foi adicionado será gerada a notificação;
- **Nenhuma:** nunca será gerada notificação.

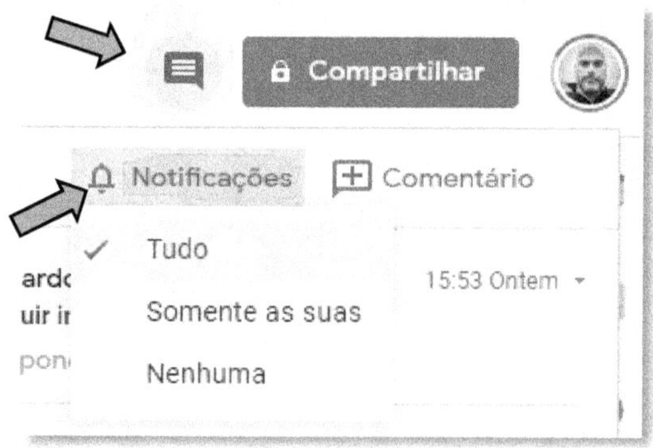

Caso queira fechar um comentário que já foi resolvido, basta clicar sobre o ícone ✓ no canto superior direito da caixa de comentários.

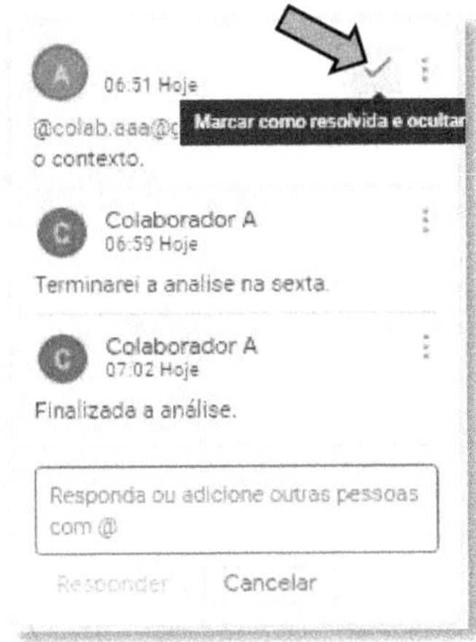

Caso queira reabrir um comentário já fechado, clique no ícone 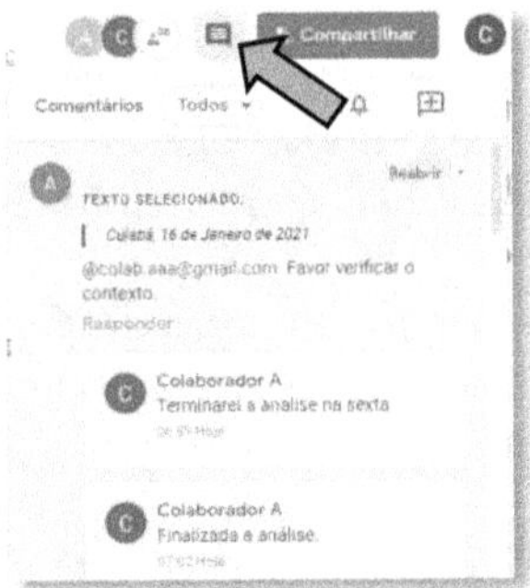 *Comentários*, no canto superior da janela, selecione o comentário e clique na opção *"Reabrir"*.

Existe também a possibilidade de atribuir um comentário a um usuário. Para realizar esta atribuição, destaque o texto, as imagens, as células ou os *slides* onde você quer comentar, adicione um comentário e dentro da caixa de texto adicione o endereço de *e-mail* da pessoa a quem você deseja atribuir a ação necessária, utilizando os caracteres @ ou + na frente. Depois é só marcar a caixa *"Atribuir a"* [nome] e apertar o botão *"Atribuir"*.

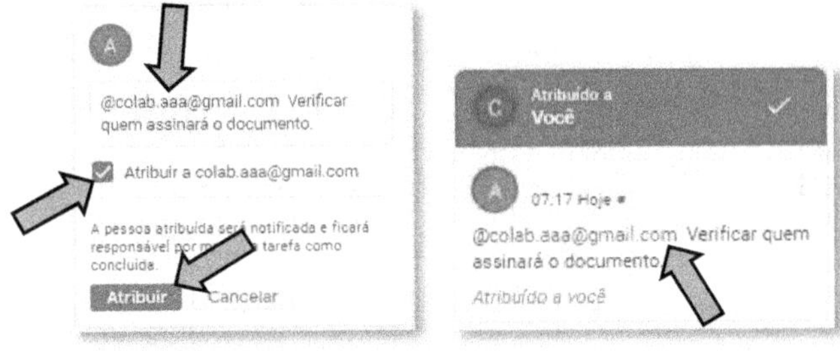

É possível também reatribuir determinado comentário a outro usuário. Para isso, clique no comentário e, em seguida, na opção *"Responder"*. Digite o seu comentário e inclua o endereço de *e-mail* da pessoa para quem você deseja reatribuir, incluindo o caracter @ ou + na frente. Marque a caixa *"Reatribuir a"* e pressione o botão *"Reatribuir"* para finalizar.

3.5 - Controle de visualizações

O trabalho em equipe, de forma telepresencial, é extremamente importante nos tempos atuais. Porém, essa modalidade demanda que o gestor tenha um controle eficiente para acompanhar o andamento das atividades.

Existem alguns recursos nas ferramentas do *Google* que facilitam a vida dos gestores e colaboradores. Esses recursos possibilitam saber se o conteúdo do item foi alterado, quem e quando fez a mudança.

No *Google Drive* é possível controlar as versões e atividades. É possível monitorar as seguintes ações:

- Pasta ou o arquivo afetado;
- Usuário que fez a alteração;
- Data e hora da alteração;
- Outros usuários afetados pela atividade.

Para ter acesso ao controle de atividades siga os seguintes passos:

Abra o *Google Drive* e selecione o arquivo ou a pasta que queira acessar a informação. Na lateral superior esquerda clique sobre o ícone *"Ver detalhes"* ⓘ. Será aberta uma guia lateral, selecione a opção *"Atividade"* para ter acesso a informação.

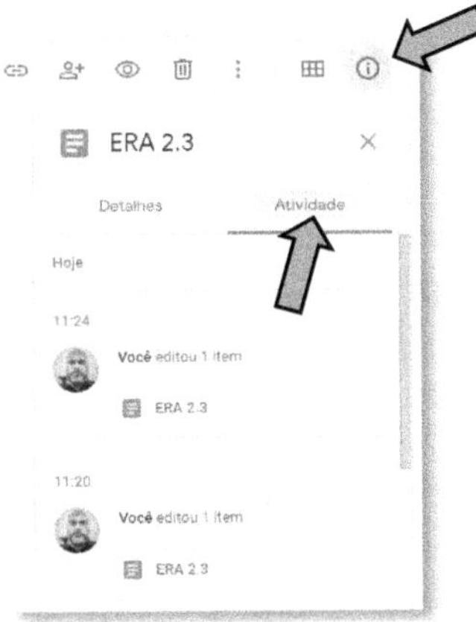

Através das opções de visualização de detalhes, fica fácil manter o controle das mudanças em arquivos e pastas compartilhadas. Porém, se a intenção é monitorar as alterações feitas no conteúdo dos documentos, essa ferramenta não trará essas informações. Para esses casos, será necessário utilizar outro recurso, que será abordado logo à frente.

Nas versões comerciais do *Google*, existe outra interface para o acompanhamento das visualizações. Para acessá-la, com o arquivo aberto, basta clicar no ícone ∿ , localizado na lateral superior direita da janela.

Será aberto o *Painel de Atividades*. Nele, é possível consultar a informação de acessos, estatísticas e realizar algumas configurações de privacidade.

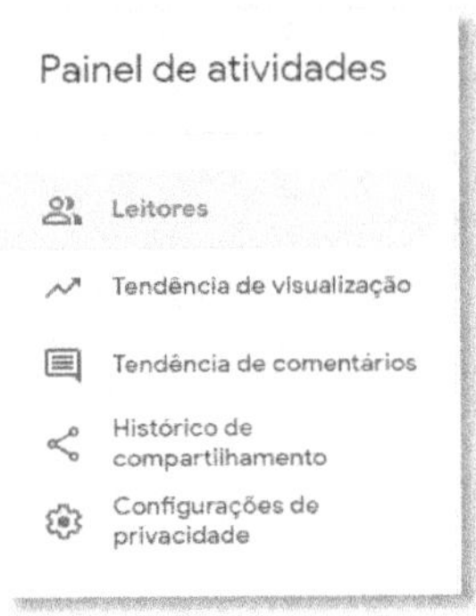

Segue o detalhamento dos recursos disponibilizados pelo Painel de Atividades:

Leitores:

Compartilhado com: mostra as pessoas com quem você compartilhou o arquivo. Também é possível enviar *e-mails* para os colaboradores;

Todos os leitores (organização): mostra as pessoas da organização que visualizaram o arquivo;

Tendência de visualização: mostra um gráfico dos leitores ao longo do tempo.

Tendência de comentários: a Tendência de comentários ajudará os usuários a visualizar as conversas em um documento, mostrando o número de comentários, sugestões e respostas. Um gráfico exibirá o número de novas conversas, respostas e comentários não resolvidos no documento;

Histórico de compartilhamento: com o Histórico de compartilhamento, os usuários terão uma visibilidade detalhada do compartilhamento de um documento com pessoas dentro e fora da sua organização. Você verá quem compartilhou e quem recebeu acesso e o nível de acesso concedido.

Configurações:

Configuração de conta: os editores e proprietários dos documentos podem ver o histórico de visualização de todos os arquivos dos Documentos, Planilhas e Apresentações *Google*.

Configuração de documento: os editores e proprietários dos documentos podem ver o histórico de visualização deste arquivo.

3.6 - Controle de versões

Conforme visto anteriormente, o recurso de detalhamento de atividades disponibilizado pelo *Google Drive* não possibilita a identificação de alterações no conteúdo de documentos. Esta informação pode ser acessada através de ferramentas disponibilizadas dentro das interfaces de edição e leitura dos documentos.

Para ter acesso a esta informação, você precisa ser o proprietário do arquivo ou ter permissão de edição. Siga os seguintes passos:

Abra o arquivo compartilhado, selecione o seguinte caminho no menu: **Arquivo -> Histórico de versões -> Ver histórico de versões**, ou utilize o atalho do teclado pressionando as seguintes teclas: **Ctrl+Alt+Shift+H**.

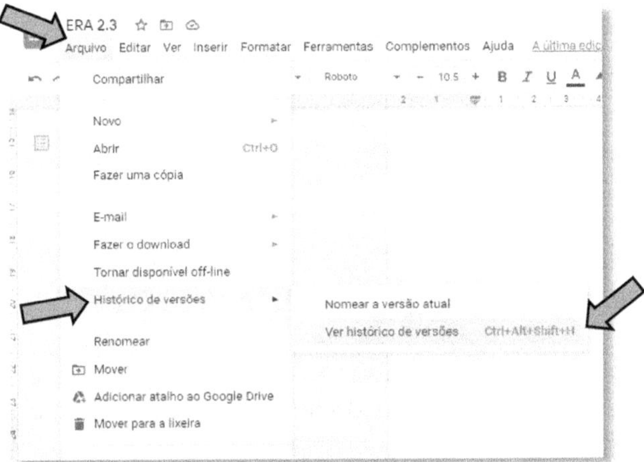

Você também pode acessar através da opção *"Abrir o histórico de versões"* ao lado do item *"Ajuda"* no menu superior.

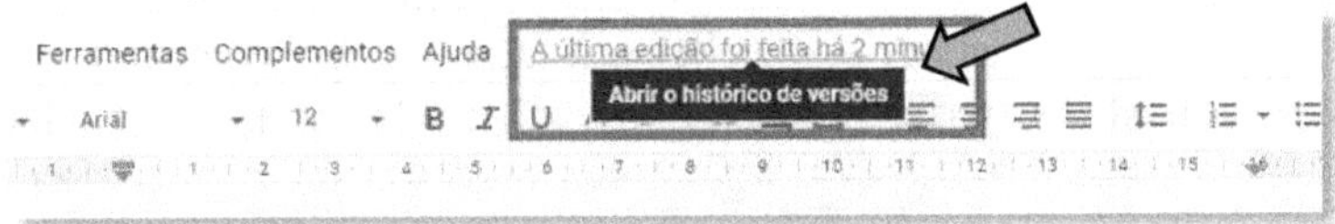

Após selecionar o recurso histórico de versões, será aberta uma aba na lateral direita da janela com a informação de data, da hora e de quem realizou determinada alteração. Essa informação está agrupada e, para detalhar as alterações realizadas, basta pressionar o ícone de seta para lateral. Pronto! Agora selecione um desses subitens para saber qual foi a alteração feita na ocasião. O texto adicionado aparece em destaque e o excluído aparece tachado.

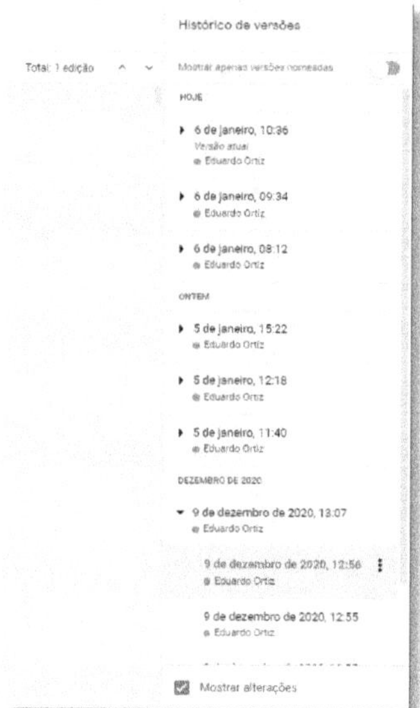

Você pode saber quem editou o arquivo e as alterações correspondentes observando a cor que aparece ao lado do nome dessa pessoa, ou simplesmente passando o cursor do *mouse* sobre a alteração.

Observa-se que o controle de versões fica fácil quando todos os colaboradores trabalham em apenas um arquivo que foi previamente compartilhado. E quando as pessoas baixam um modelo de documento e cada uma fez as alterações em arquivos separados, como saber o que cada uma alterou? Para estes casos, o *Google* desenvolveu um recurso que faz a comparação entre arquivos diferentes.

Caso tenha essa necessidade, basta abrir um dos documentos e acessar, através do menu superior, o seguinte caminho: **Ferramentas -> Comparar documentos**.

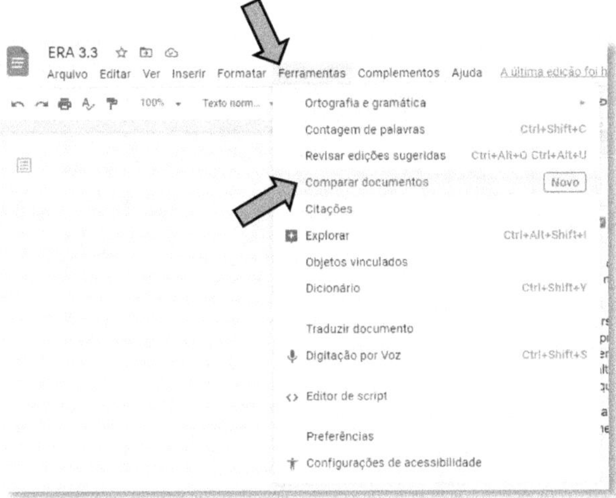

Informe a localização, no *Google Drive*, do documento que será comparado e clique no botão *"Comparar"* para continuar.

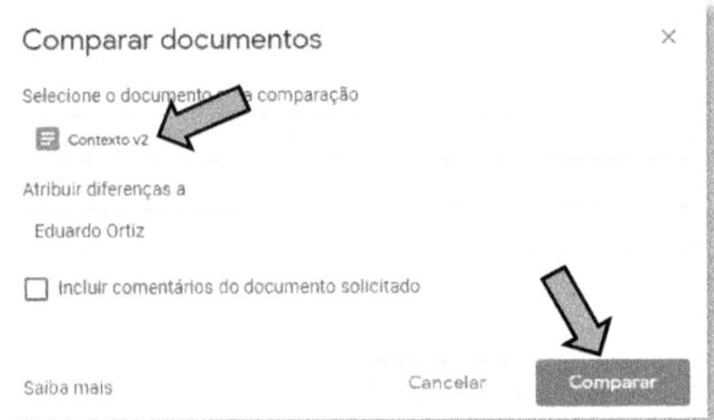

Em segundos o *Google* faz a comparação entre os arquivos e apresenta uma janela para a exibição do resultado. Clique em *"Abrir"* para ter acesso.

Um novo documento é originado da comparação entre os conteúdos.

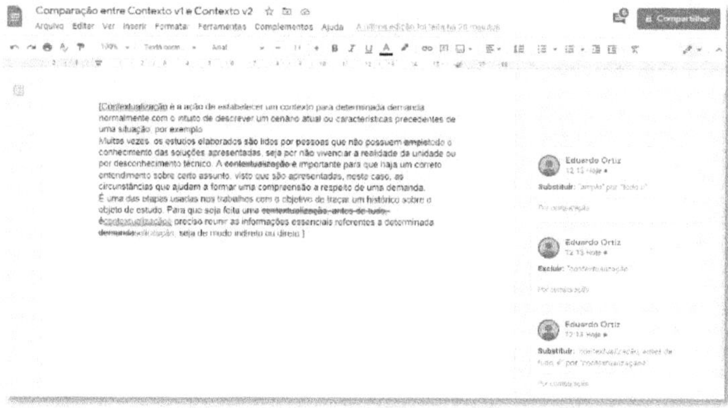

A ferramenta pega todas as diferenças que encontrou entre os documentos e as trata como se fossem sugestões. Desta forma, o editor do arquivo poderá escolher entre os conteúdos, qual é mais pertinente e permanecerá no documento.

3.7 - Restaurar uma versão anterior ou nomear uma versão

Quando várias pessoas estão trabalhando em um mesmo documento, de forma compartilhada, é natural que o *Google* gerencie muitas versões deste arquivo. Nestes casos, pode ser interessante nomear as versões com alterações substanciais, transformando-as em marcos dentro da construção do documento.

Defina as versões que são mais importantes e nomeie-as para facilitar o controle e a gestão do trabalho. Para nomear uma versão, selecione-a no Histórico de Versões, clique sobre o ícone ⋮ e escolha a opção *"Nomear esta versão"*. Inclua o nome desejado e pressione a tecla *"Enter"* para finalizar.

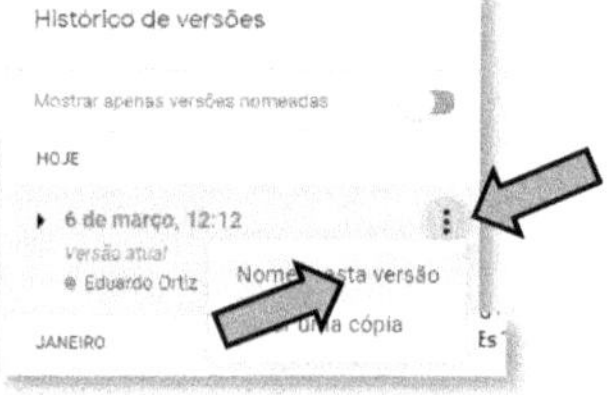

É possível adicionar até 40 versões nomeadas por documento e até 15 versões nomeadas por planilha.

Existe também a opção de transformar uma versão anterior na versão atual do arquivo. Lembrando que a versão atual é aquela que sempre será mostrada quando o arquivo for acessado.

Selecione a versão escolhida e clique no botão *"Restaurar esta versão"* na parte superior esquerda da janela.

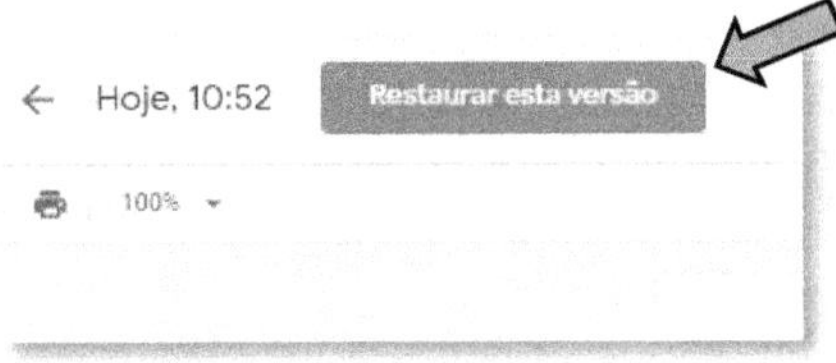

Posteriormente, confirme pressionando a opção *"Restaurar"*.

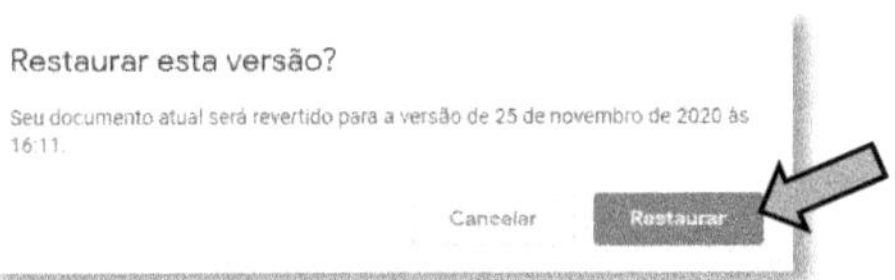

Não se preocupe. Ao restaurar uma versão antiga, ela não sobrepõe a versão que estava como atual, simplesmente é criado mais um item na lista do Histórico de Versões.

Desta forma, todas as alterações são salvas e o *Google* permite a restauração desta informação a qualquer momento.

3.8 - Proteger o conteúdo de Planilhas

Caso a equipe esteja trabalhando em uma planilha com conteúdo considerado crítico, é possível implementar bloqueios com a finalidade de proteger a informação de determinada célula ou intervalos.

Esta funcionalidade implementa segurança e traz tranquilidade ao proprietário do arquivo. Para atribuir proteção às células do *Google* Planilha, siga os passos:

Abra a planilha e selecione as células que deseja proteger.

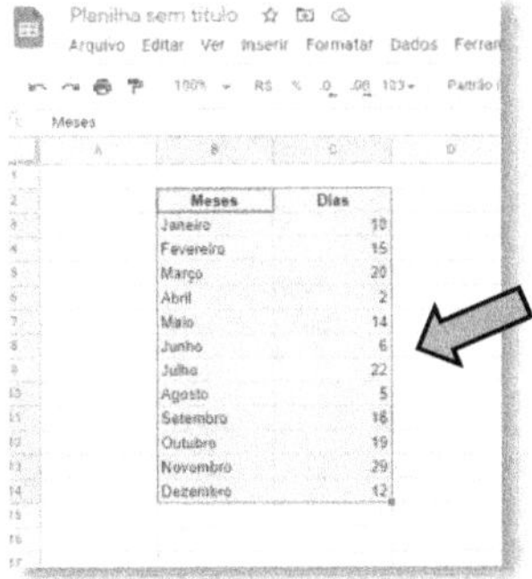

Através do menu superior, acesse o seguinte caminho: ***Dados -> Páginas e intervalos protegidos.***

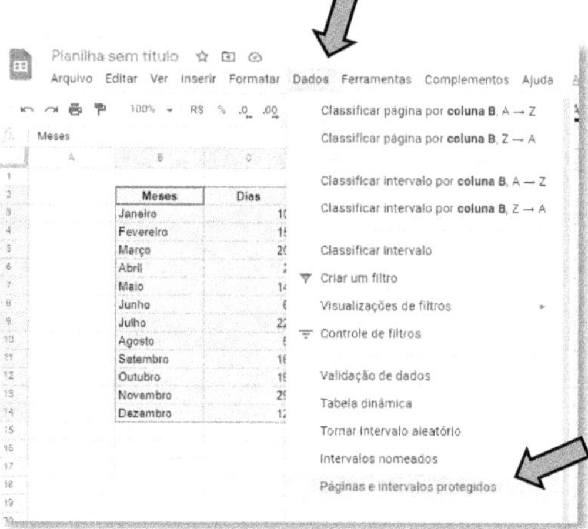

Será aberta uma janela com as opções de configuração de permissões. Clique no botão "*Definir permissões*" para continuar.

Você poderá restringir a edição do intervalo para que somente você possa realizar as edições. Para isso, selecione a opção "*Somente você*" e clique no botão "*Concluído*".

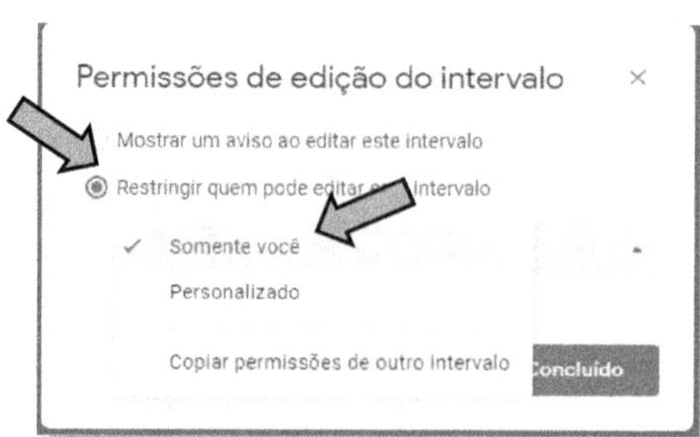

Caso queira permitir e controlar a edição do intervalo por outras pessoas, selecione a opção *"Personalizado"*, informe o *e-mail* de quem poderá realizar as edições no campo *"Adicionar editores:"* e clique sobre o botão *"Concluído"*.

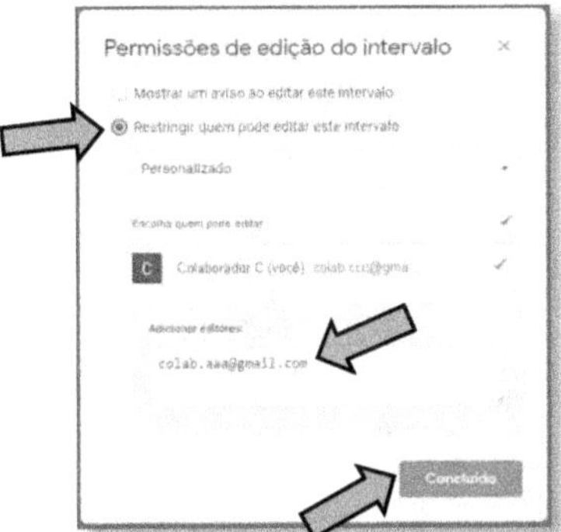

Caso seja informado o *e-mail* de usuários que não tenham permissão de acesso ao arquivo, automaticamente o *Google* lhe perguntará se você deseja concedê-las. Para autorizar o acesso, basta clicar sobre o botão *"Compartilhar"*.

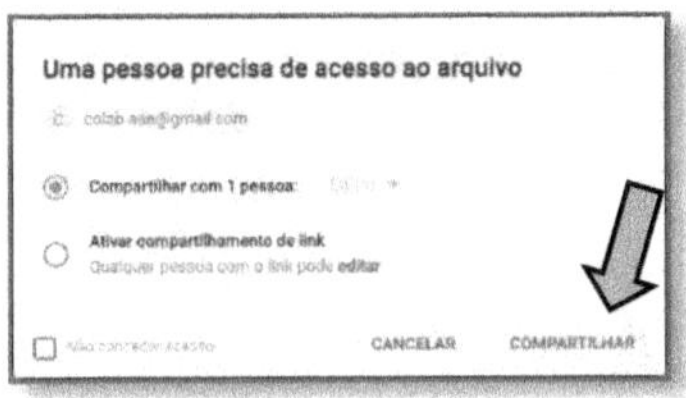

Se por algum motivo for necessário efetuar a alteração das permissões concedidas para a edição de uma página ou intervalos de uma planilha, basta acessar o caminho: ***"Dados -> Páginas e intervalos protegidos"***. Será aberta uma janela na lateral direita da tela. Identifique o intervalo que deseja alterar as permissões e clique sobre ele.

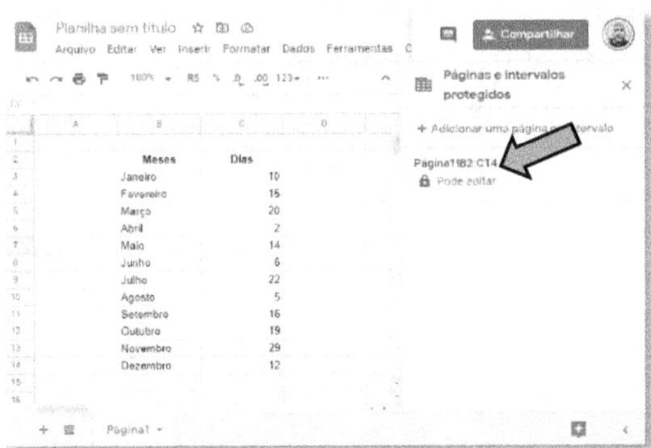

Será aberta outra janela com as opções de alteração. Clique sobre o botão *"Alterar permissões"* para continuar.

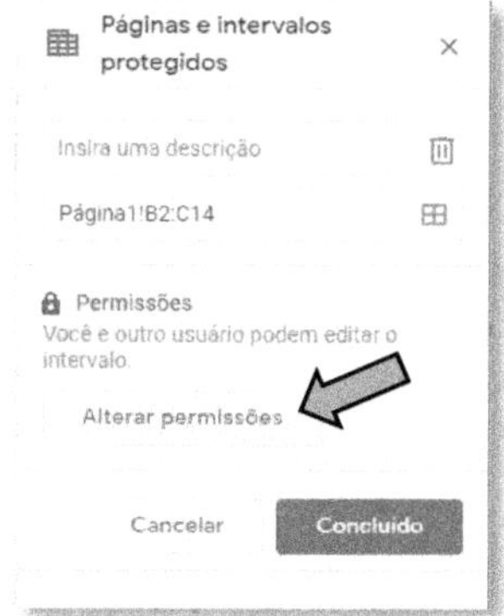

Já com a janela de permissões de edição aberta, faça as alterações pertinentes e clique sobre o botão *"Concluído"* para finalizar.

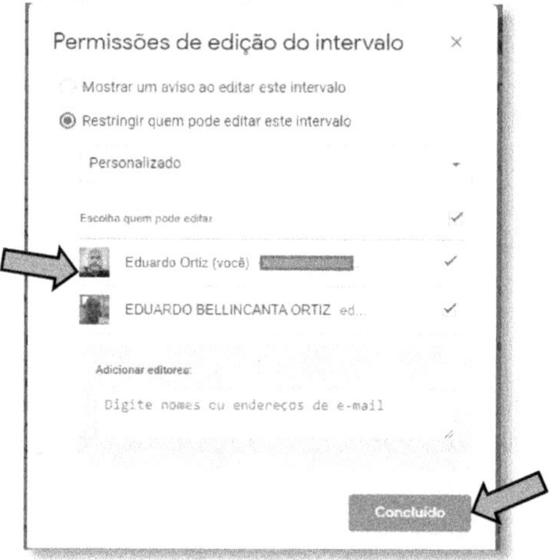

Agora que já foi demonstrado como fazer a proteção de intervalos de células nas planilhas do *Google*, será explicado como fazer a proteção de páginas. Lembrando que as páginas das planilhas do *Google* são correspondentes às planilhas do *Excel*.

Acesse, através do menu superior, o seguinte caminho: ***"Dados -> Páginas e intervalos protegidos"***. Dessa vez, selecione a opção: *"Página"*. Na caixa de seleção, escolha qual página será protegida. Também é possível permitir que uma célula ou alguns intervalos desta página continuem editáveis. Para isso, basta marcar a opção *"Exceto algumas células"* e informá-las nos campos correspondentes.

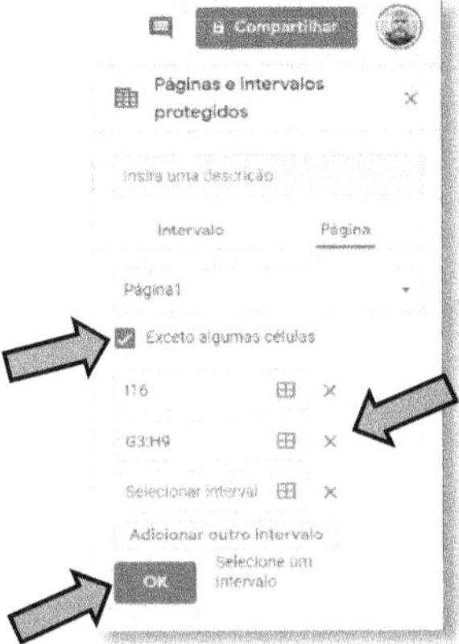

Clique sobre o botão *"Definir permissões"* para atribuí-las aos usuários.

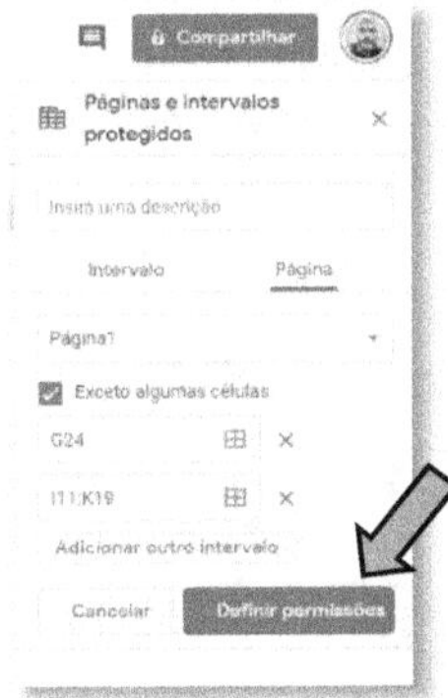

Da mesma maneira que foi feito anteriormente, escolha o tipo de permissão, informe os endereços de *e-mail* das pessoas que terão acesso e clique sobre o botão *"Concluído"* para finalizar.

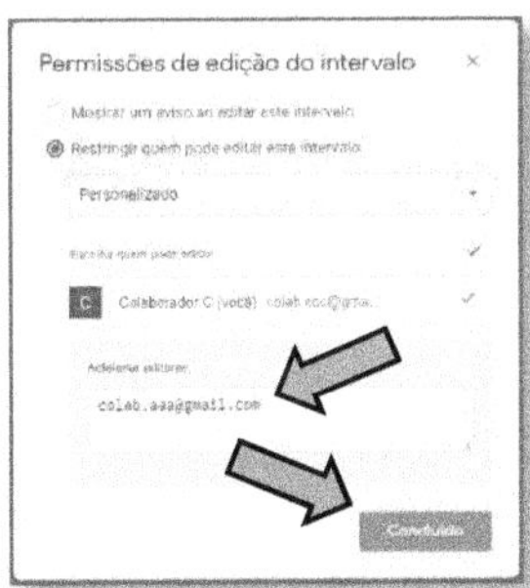

A página de proteção trará todas as páginas e intervalos protegidos. Para realizar alterações nas configurações, basta clicar sobre o item de interesse e realizar as modificações.

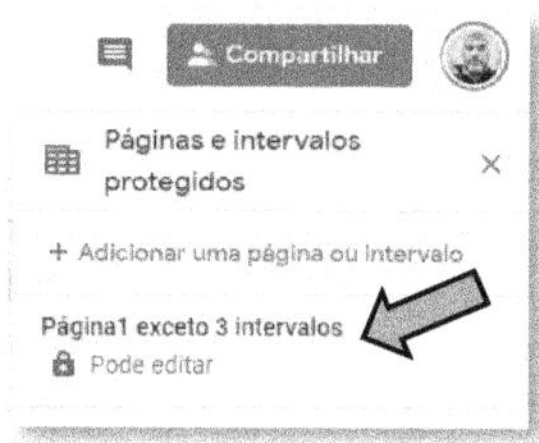

3.9 – Criar modelos de documentos

Outra facilidade conhecida em outros pacotes de ferramentas eletrônicas para escritórios é a disponibilização de criação de modelos de documentos. Este recurso também está disponível nos documentos do *Google*, porém somente em sua versão comercial.

É de extrema importância analisar a possibilidade de utilização de modelos de documentos nas organizações. Dentre as vantagens desse uso, podem ser citadas as seguintes:

- Padronização;
- Controle de versão;
- Segurança;
- Conformidade;
- Ganho de tempo e agilidade na produção de documentos;
- Melhor gestão da informação.

Para criar os seus próprios modelos, siga os passos:

Clique sobre o ícone da ferramenta que estiver utilizando, no caso do *Google* Documentos, clique sobre o símbolo que se encontra no lado superior esquerdo da janela.

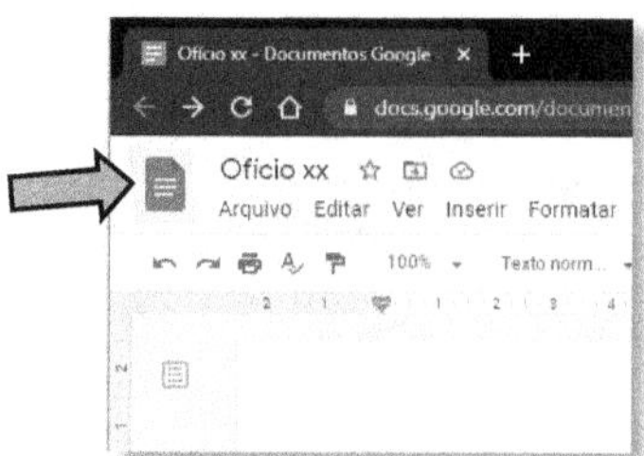

Será aberta uma janela que traz os modelos de documentos padrões do *Google* Documentos. Para criar novo modelo, clique sobre a opção *"Galeria de modelos"*.

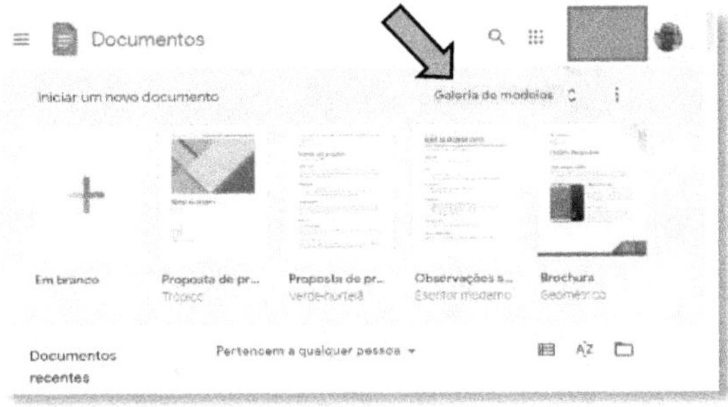

Selecione a guia que apresenta o nome da sua Organização e clique sobre a opção *"Enviar modelo"* que se encontra no lado direito da tela.

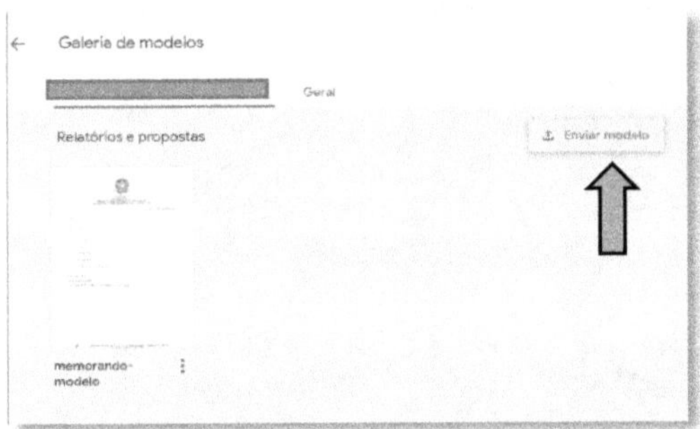

Será aberta uma janela com a opção para que seja selecionado o arquivo que servirá como modelo. Clique sobre a opção *"Selecionar um documento"* para continuar.

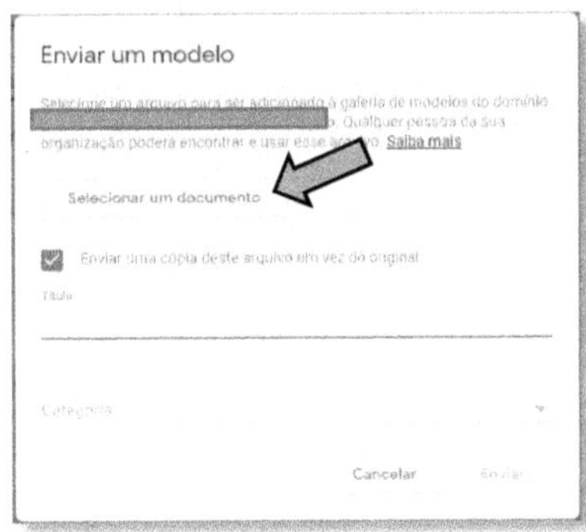

Procure o documento modelo no *Google Drive*, selecione-o e clique sobre o botão *"Abrir"*.

Com o documento selecionado, informe o nome no campo *"Título"* e sua referida categorização através do campo *"Categoria"*.

Caso queira enviar somente uma cópia do arquivo, marque a caixa de seleção da opção *"Enviar uma cópia deste arquivo em vez do original"*. Essa ação evita que ocorra alguma alteração acidental no arquivo modelo. Clique no botão *"Enviar"* para finalizar.

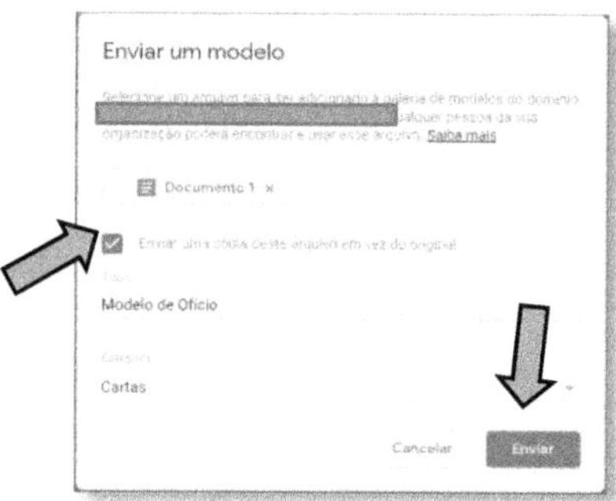

Pronto! O modelo de documento foi inserido na galeria de modelos e está disponível para todas as pessoas da organização.

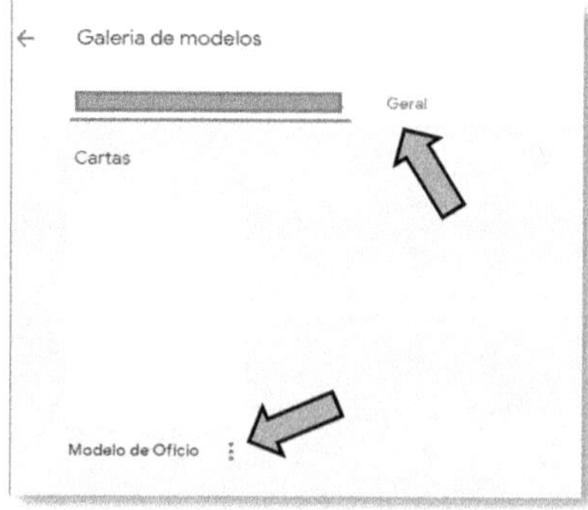

Neste tópico, foi observada a possibilidade de compartilhar apenas uma cópia do arquivo, eliminando a possibilidade de alteração acidental no seu conteúdo.

Caso queira implementar essa facilidade sem que seja criado um modelo de documentos na galeria de modelos, basta seguir os seguintes passos:

Cole o link de compartilhamento do arquivo em algum editor de texto e altere a palavra *"edit"* por *"copy"*:

> https://docs.google.com/document/d/Awf0C6BoECCG91loq RTXETKK/**edit**
>
> https://docs.google.com/document/d/Awf0C6BoECCG91loq RTXETKK/**copy**

Desta forma, quando o usuário clicar no link para abrir o arquivo, ele será direcionado a clicar na opção *"Fazer uma cópia"*, evitando o risco de alterar o documento original.

C3.10 - Digitação por voz

Está impossibilitado de digitar e quer dar continuidade ao trabalho? Quer registrar informações de forma rápida e simples?

O *Google* Documentos possui uma ferramenta que permite escrever textos usando apenas a voz. Essa ferramenta é a *Digitação por Voz*. Para acessá-la, basta seguir o seguinte caminho:

No menu principal, clique sobre a opção *"Ferramentas"* e, posteriormente, em *"Digitação por Voz"*.

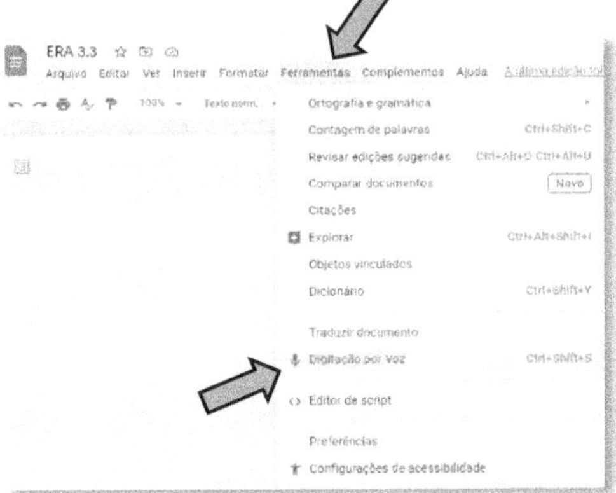

Será aberta uma janela com o ícone de um microfone. Para começar a utilizar o recurso de digitação por voz, basta clicar sobre o referido ícone.

Enquanto o recurso estiver ativado, o ícone do microfone estará vermelho. Para interromper a digitação por voz, basta clicar novamente no ícone do microfone.

É possível incluir a pontuação através do recurso de digitação por voz, basta usar os seguintes comandos:

- Ponto;

- Vírgula;

- Ponto de interrogação;

- Ponto de exclamação;

- Novo parágrafo;

- Nova linha;

- Ponto e vírgula;

- Abre/fecha parênteses;

- Abre/fecha aspas;

- Hífen;

- Barra;

- Barra invertida;

- Asterisco;

- Reticências;

- Ampersand;

- Arroba;

- Cerquilha;

- Abre/fecha colchetes;

- Abre/fecha chaves;

4 - CONHECENDO O APLICATIVO *GOOGLE* TAREFAS

4.1 Conceito

Gerir melhor o tempo tem sido uma característica muito valorizada, principalmente nos dias atuais. Em um ambiente em que tudo é urgente, grande parte do dia é gasto na realização de tarefas que não trazem resultados.

O ideal é que seja feito um gerenciamento eficaz das atividades. Gerenciamento este que realmente agregue valor ao nosso trabalho e atinja os objetivos da organização.

Quando não existe o controle das atividades diárias, geralmente a pessoa se sente como se estivesse num balcão de padaria. Atende vários pedidos, não tem a visão do todo e se vê acumulando atividades que podem até ser urgentes, porém sem grande importância.

Enquanto estiver preso nesse ciclo, apagando incêndios e correndo para atender urgências irrelevantes ou terceiras, dificilmente conseguirá fazer as entregas que realmente importam dentro do prazo e com a qualidade necessária.

A chave para fugir desse ciclo é planejar, anotar e classificar as tarefas.

Neste módulo será demonstrada uma ferramenta do *Google* que realiza a gestão das tarefas diárias. Através dela, será possível anotar, agendar os prazos de entrega e fazer o controle de suas execuções.

4.2 Criar uma lista

Na ferramenta Tarefas do *Google* é possível agrupar as tarefas através de listas. Esse agrupamento pode ser feito em listas existentes ou em listas criadas especificamente para um conjunto de tarefas.

Para criar nova lista, basta clicar sobre a opção *"TAREFAS"* e selecionar o item *"Criar nova lista"*.

Surgirá uma janela onde deverá ser inserido o nome desta nova lista. Digite o nome da lista e selecione a opção *"Concluir"*.

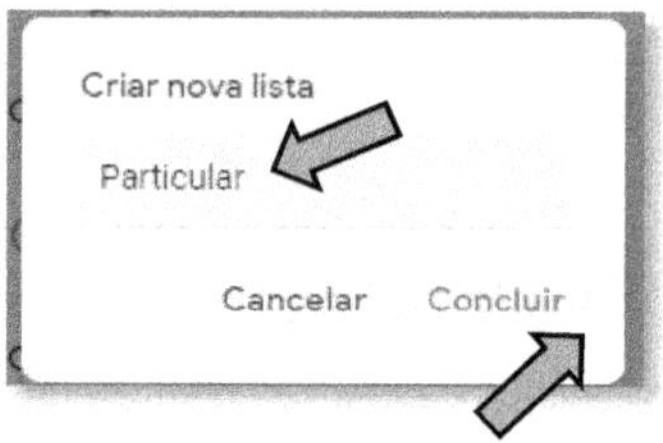

A lista recém-criada aparece através da opção *"Tarefas"* e já pode ser selecionada.

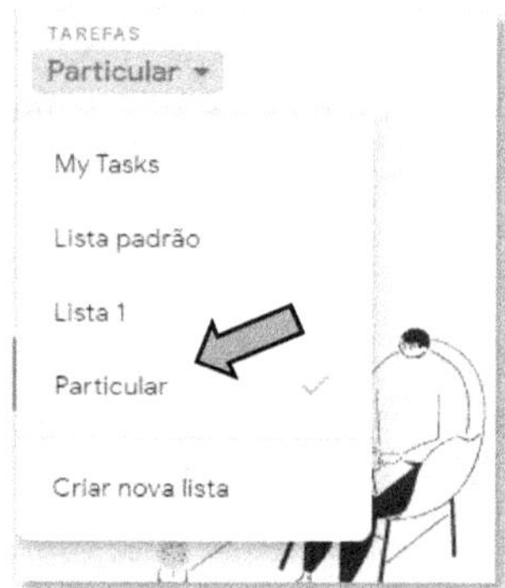

Caso haja necessidade de alterar o nome da lista, basta selecionar a lista e clicar no ícone ⋮ localizado na lateral esquerda da janela.

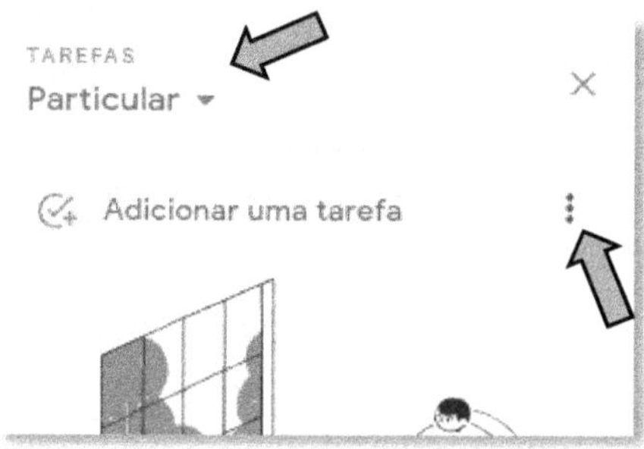

Será aberta uma janela com as opções de configuração da lista selecionada. Clique na opção *"Renomear lista"* para alterar o nome da lista.

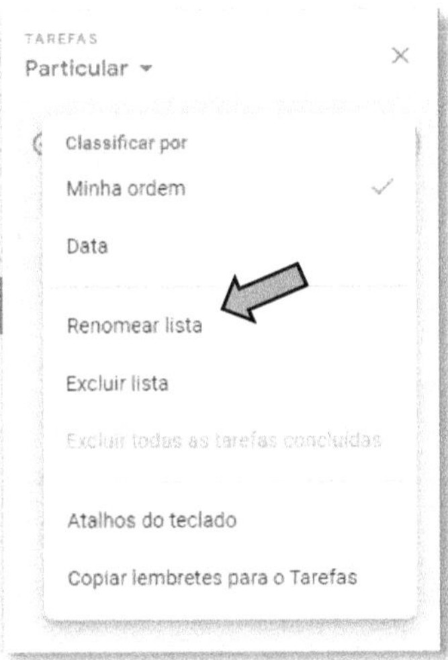

Basta alterar o nome da lista no campo *"Renomear lista"* e clicar na opção *"Concluir"* para consolidar a alteração.

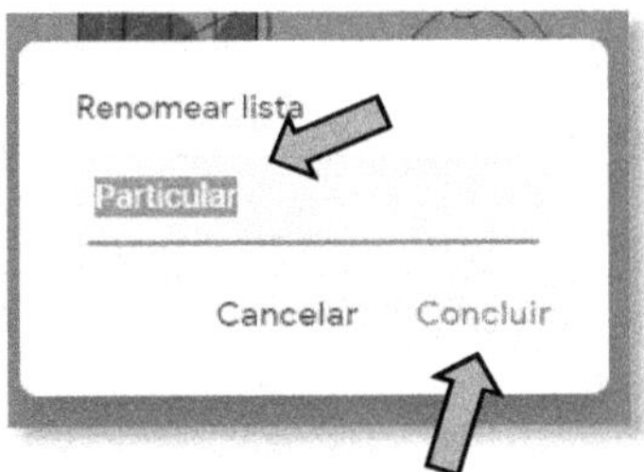

4.3 Adicionar tarefas e subtarefas

Agora que já aprendemos como criar as listas de tarefas, chegou a hora de popular estas listas.

Para criar tarefas, execute os seguintes passos:

Selecione a lista onde as tarefas serão incluídas através do campo *"TAREFAS"*.

Após selecionar a lista, selecione a opção *"Adicionar uma tarefa"*.

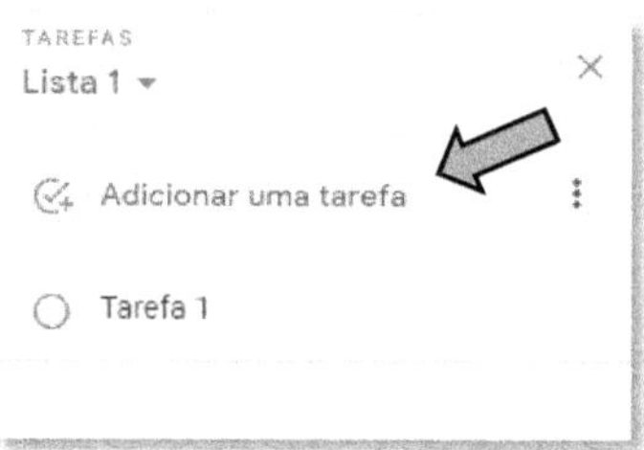

Será criada uma linha com o ícone ○. Ao lado deste ícone, existe um campo para que seja informado o nome da tarefa. Clique neste campo e insira o nome. Automaticamente ele será gravado. Neste exemplo, criamos a tarefa *"Revisar Ofício"*.

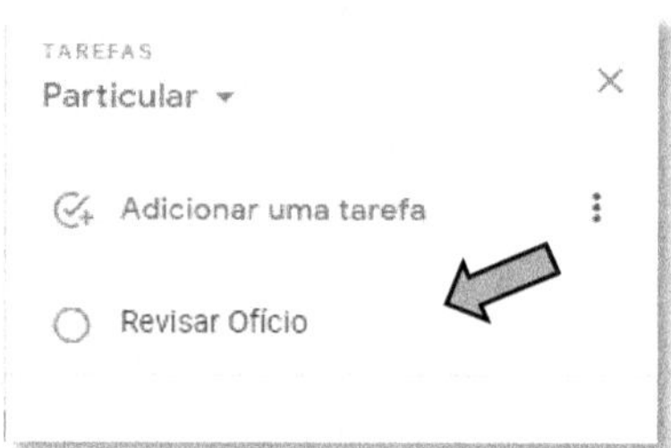

O *Google* também possibilita que sejam criadas subtarefas dentro de uma tarefa. Estas subtarefas seriam as etapas necessárias para que uma tarefa seja realizada por completo. Elas podem ser criadas da seguinte forma:

Passe o ponteiro do *mouse* sobre a tarefa escolhida. Automaticamente, surgirá o ícone ✎ . Clique sobre o referido ícone para dar prosseguimento a criação das subtarefas.

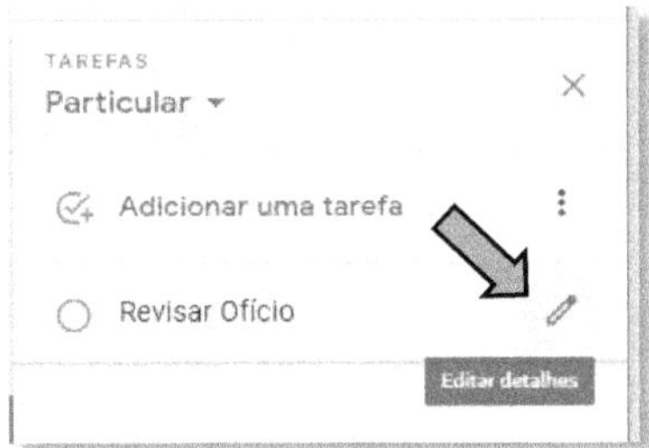

Selecione a opção *"Adicionar subtarefas"*. Surgirá um campo para que seja possível incluir o nome das subtarefas. Digite o nome e pressione a tecla *"Enter"*. É possível criar inúmeras subtarefas vinculadas a uma tarefa.

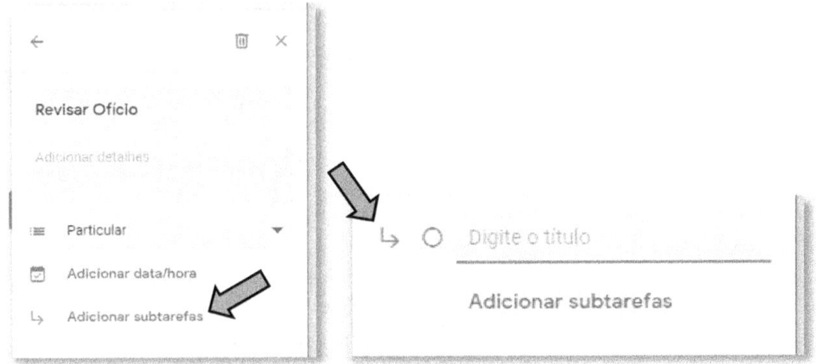

Para retornar a lista de tarefas, basta clicar sobre o ícone ← localizado na parte superior esquerda da janela. Observe que as tarefas são organizadas diretamente abaixo de suas respectivas tarefas.

O *Google* possibilita a criação de várias listas de tarefas. Para navegar entre estas listas, na parte superior da janela *"Tarefas"*, clique na seta para baixo ▾ e selecione uma lista diferente.

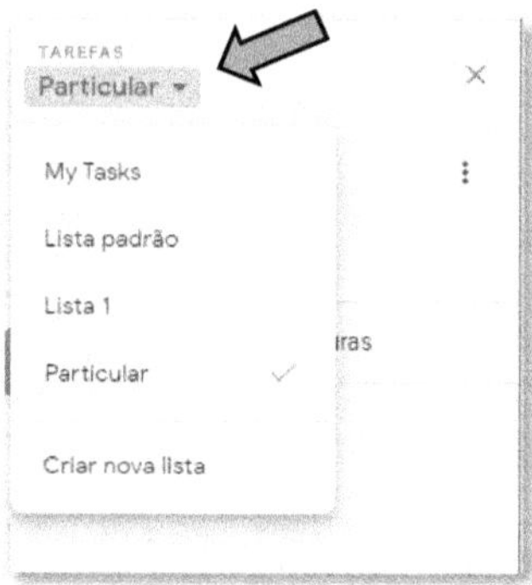

Para excluir uma lista, selecione-a através da opção *"TAREFAS"*, ao lado do campo *"Adicionar uma tarefa"*, clique sobre o ícone de três pontos.

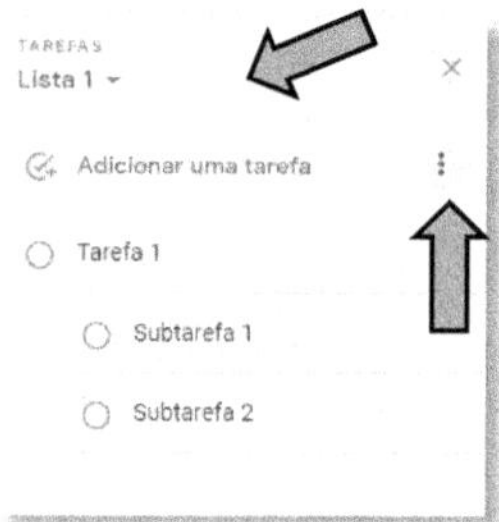

Será aberta uma janela com as opções de configuração das tarefas. Selecione a opção *"Excluir lista"*. O sistema apresentará uma caixa de confirmação. Para excluir a lista de tarefas, clique sobre a opção *"Excluir"*. Mas cuidado! Depois de remover uma lista, não será possível restaurá-la.

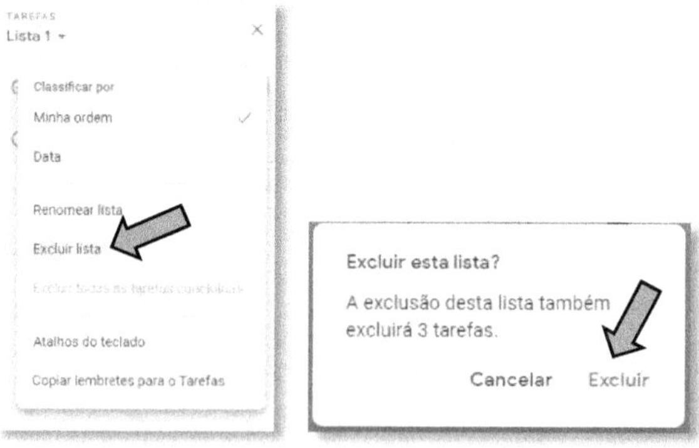

4.4 Adicionar notas e datas de entrega

Anotar as tarefas é um primeiro passo para o controle do desenvolvimento das atividades do dia, porém existem tarefas que possuem datas para serem finalizadas. Nestes casos, a ferramenta do Google possibilita a inserção da data de finalização da tarefa. Para realizar esta configuração, siga as instruções:

Selecione uma lista, passe o cursor do *mouse* sobre a tarefa que deseja realizar as configurações. Na lateral direita da tarefa surgirá o ícone *"Exibir detalhes"*. Clique sobre ele para continuar.

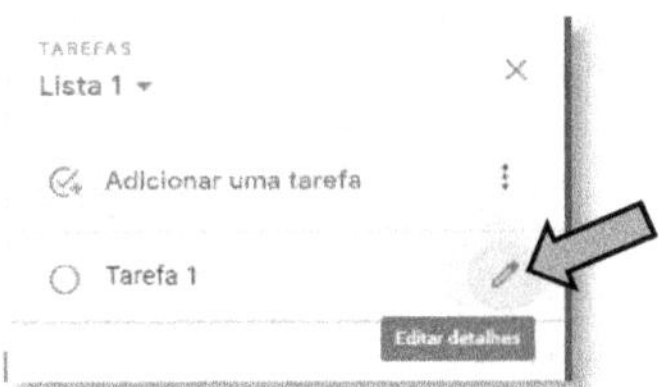

Surgirá uma janela com a opção *"Adicionar data/hora"*. Clique sobre ela.

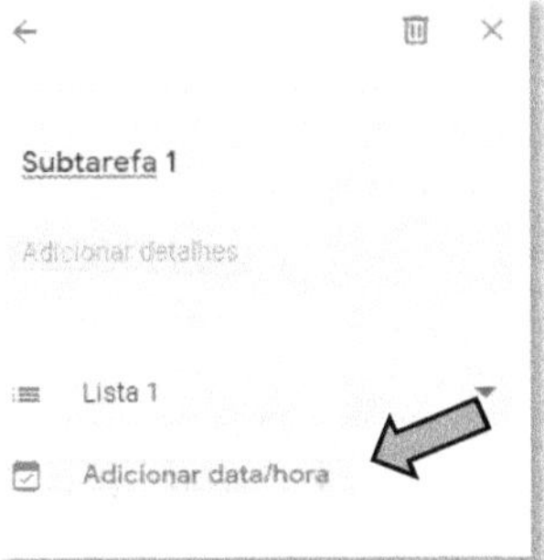

Nesta próxima etapa, basta marcar a data e a hora que a tarefa deverá ser finalizada e aperte o botão *"OK"*.

Note que na apresentação do conteúdo da lista, a informação do prazo de entrega é apresentada logo abaixo do nome da tarefa.

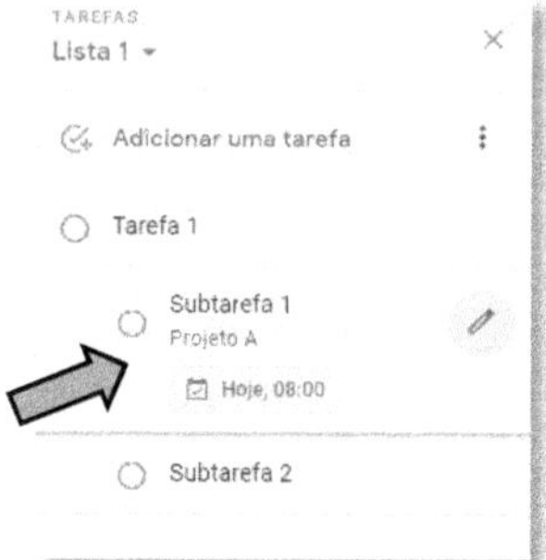

4.5 Organizar e classificar tarefas

Caso a lista de tarefas seja extensa e esteja difícil localizar os itens, utilize o recurso de classificação.

Na janela *"Tarefas"*, ao lado da opção *"Adicionar uma tarefa"*, clique sobre ícone ⋮ para acessar as opções de classificação.

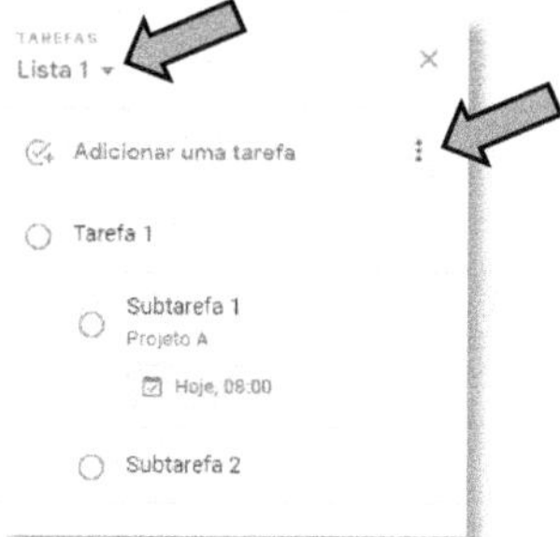

É possível selecionar entre a opção *"Minha ordem"* e a opção *"Data"*. Quando escolhida a classificação *"Minha Ordem"*, as tarefas serão organizadas pela data de criação, da mais nova para a mais antiga. Se a opção *"Data"* for marcada, as tarefas serão classificadas através das datas informadas no campo data/hora de entrega, das datas mais próximas para as mais distantes.

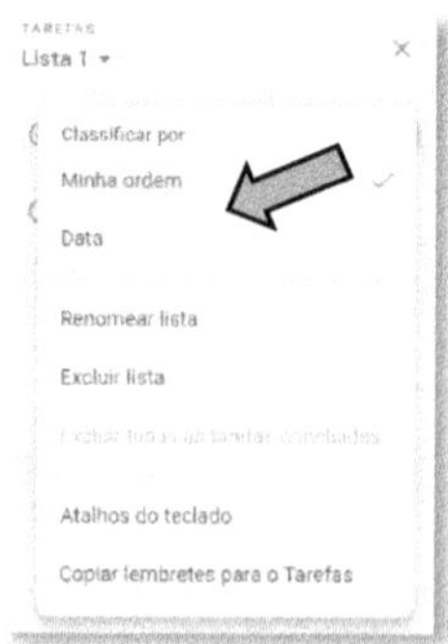

4.6 Remover e restaurar tarefas

Caso surja a necessidade de se excluir uma tarefa, basta clicar com o botão direito do *mouse* sobre a tarefa e selecionar a opção *"Excluir"*.

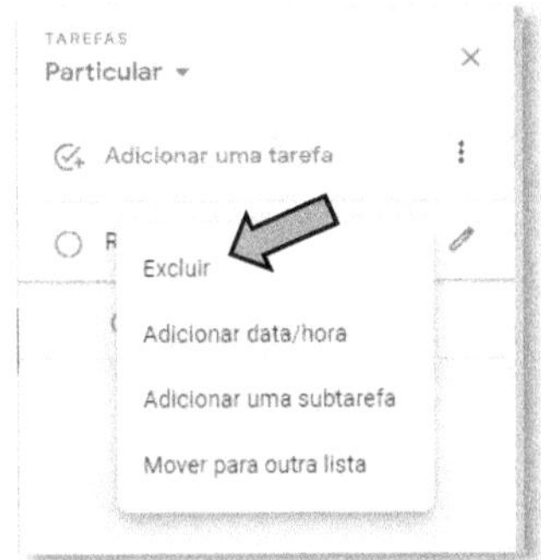

Uma vez excluída a tarefa, uma caixa de texto aparece no canto inferior direito da tela, informando que a tarefa foi excluída e possibilitando, através da opção *"Desfazer"*, realizar a recuperação desta tarefa.

Essa janela fica ativa por poucos segundos. Caso o usuário não clique na opção *"Desfazer"*, a tarefa é apagada e será perdida definitivamente.

4.7 Marcar uma tarefa como concluída

Após a finalização de uma tarefa, é interessante marcá-la como concluída. Para isso, basta clicar sobre o ícone ○, que se encontra ao lado do nome da tarefa.

No momento em que a tarefa é marcada como concluída, ela sai da visualização da lista de tarefas automaticamente. O intuito da visualização da lista de tarefas é mostrar somente as tarefas pendentes. O próximo passo será demonstrar como visualizar a relação das tarefas concluídas.

4.8 Gerenciar tarefas concluídas

Como observado, à medida que as tarefas são marcadas como concluídas, elas são retiradas da lista de tarefas e passam a constar na relação de tarefas executadas.

Para visualizar as tarefas concluídas, clique na seta que se encontra na parte inferior direita da janela, ao lado da opção *"Concluídas"*.

Caso queira mudar o *status* de uma tarefa de concluída para pendente, basta clicar sobre o ícone ✓ que se encontra à esquerda do nome da tarefa. Dessa forma, a tarefa automaticamente volta a aparecer na lista de tarefas da janela principal.

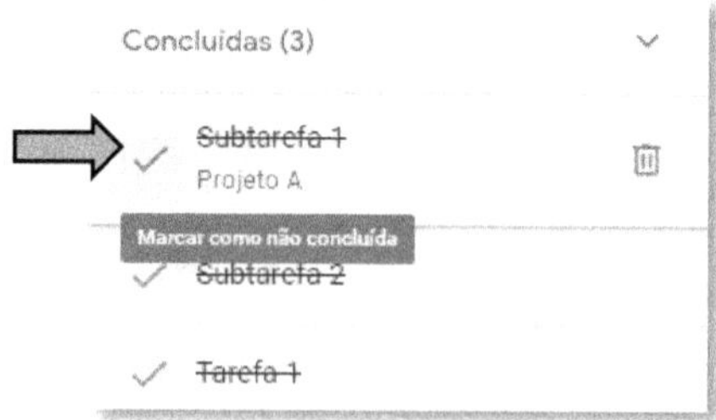

Para excluir uma tarefa da lista de tarefas concluídas, passe o cursor do *mouse* sobre o nome da tarefa, surgirá o ícone 🗑 . Para excluir a tarefa, clique sobre ele.

Novamente, surgirá a caixa informando que a tarefa foi excluída e possibilitando, através da opção *"Desfazer"*, realizar a sua recuperação.

Da mesma forma, essa janela fica ativa por poucos segundos. Caso o usuário não clique na opção *"Desfazer"*, a tarefa será excluída definitivamente.

5 - *GOOGLE WORKSPACE* – EXPERIÊNCIA INTEGRADA

5.1 *E-mail*

5.1.1 Configurando as visualizações

O *Gmail* apresenta uma série de recursos para tornar a ferramenta aderente aos mais diversos fluxos de trabalho e facilitar o gerenciamento das mensagens eletrônicas.

Nesse primeiro momento serão abordados os aspectos gerais do *Gmail*. Após essa breve introdução, os recursos de maior relevância serão vistos em maior profundidade.

Abaixo, segue a janela inicial da ferramenta e seus principais recursos.

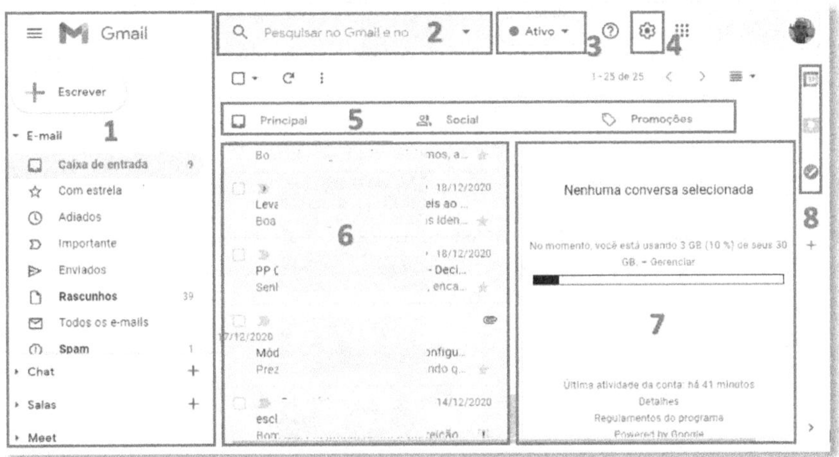

1 - Menu Principal: através desse menu são realizadas as navegações básicas na ferramenta;

2 - Campo de pesquisa: através do campo de pesquisa é possível localizar mensagens e criar filtros automatizados;

3 - *Status* de atividade: possibilita alterar o *status* de atividade;

4 – Configurações: acessa o painel de configurações do *Gmail*;

5 - Guias de categorias: mostra as categorias configuradas na caixa de entrada padrão;

6 - Painel de *e-mail*: apresenta a lista de mensagens eletrônicas;

7 - Painel de Leitura: mostra o conteúdo da mensagem eletrônica selecionada;

8 - Painel de complementos: atalho para outras ferramentas do *Google*.

5.1.1.1 – Tipos de caixa de entrada

No *Gmail,* as mensagens eletrônicas recebidas ficam armazenadas em uma pasta, normalmente chamada de Caixa de Entrada. Nessa Caixa de Entrada são listados os assuntos das mensagens, seus remetentes e a data de envio.

O *Gmail* dispõe de 6 tipos de visualizações de Caixa de Entrada. O ideal é que você conheça todos para que você possa definir aquele que melhor atenda ao seu fluxo de trabalho. Vamos conhecê-los:

- **Padrão:** na visualização padrão, a Caixa de Entrada do *Google* será dividida através de três guias: Principal, Social e Promoções.

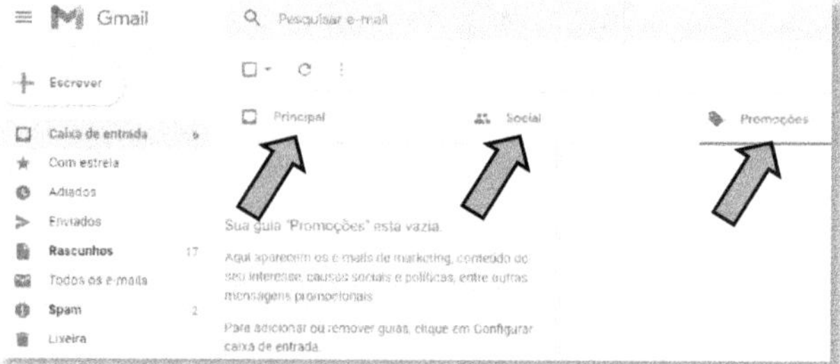

- **Importantes primeiro:** nessa visualização a sua Caixa de Entrada será dividida em duas seções: *"Importante"* na parte superior e *"Todas as demais"* na parte inferior.

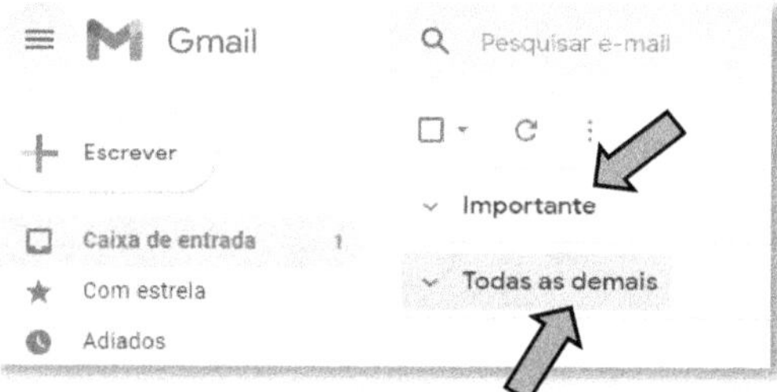

- **Não lidas primeiro:** se você escolher *"Não lidas primeiro",* sua Caixa de Entrada será dividida em duas seções: *"Não lidas"* na parte superior e *"Todas as demais"* na parte inferior.

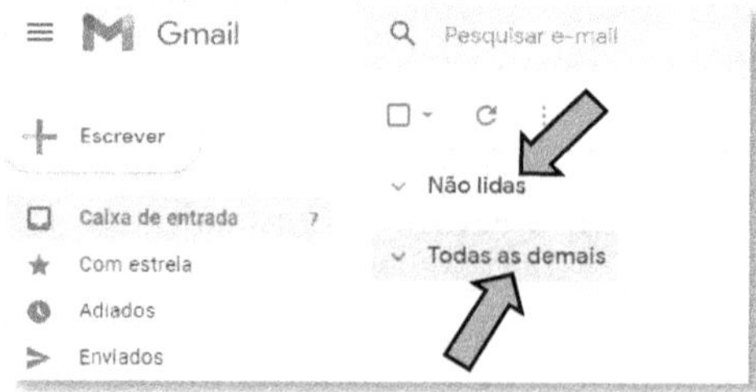

- **Com estrela primeiro:** caso escolha essa visualização, sua Caixa de Entrada será dividida em duas seções: *"Com estrela"* na parte superior e *"Todas as demais"* na parte inferior.

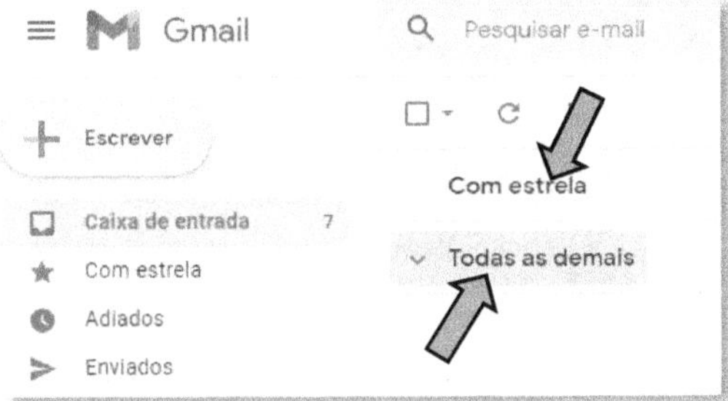

- **Caixa prioritária:** essa visualização permite que o *Gmail* classifique e priorize seus *e-mails*. É possível adicionar mais categorias para personalizar sua Caixa de Entrada. Caso você escolha essa visualização, a Caixa de Entrada será dividida em várias seções. Você escolhe quais seções são exibidas, como *"Importantes e não lidas"*, *"Com estrela"*, *"Todas as demais"* e marcadores criados por você.

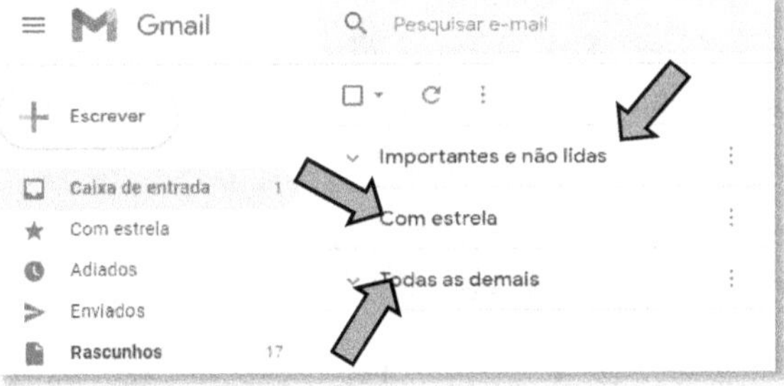

- **Várias caixas de entrada:** a opção *"Várias Caixas de entrada"* é útil para quem tem muitas contas de *e-mail* e quer organizá-las melhor. Também funciona para quem quer priorizar determinadas tarefas diárias ou pessoas. Se você escolher *"Várias caixas de entrada"*, o *Gmail* adicionará seções à sua Caixa de Entrada. Você pode usar operadores de pesquisa ou marcadores personalizados para criar cada seção.

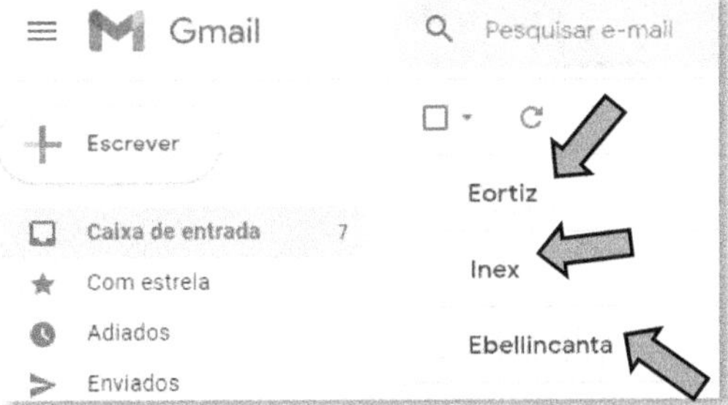

Para escolher o tipo de visualização de Caixa de Entrada que melhor atende, basta acessar o ícone de engrenagem na lateral superior direita da janela e localizar a opção *"TIPO DE CAIXA DE ENTRADA"*. Para selecionar, clique sobre um deles.

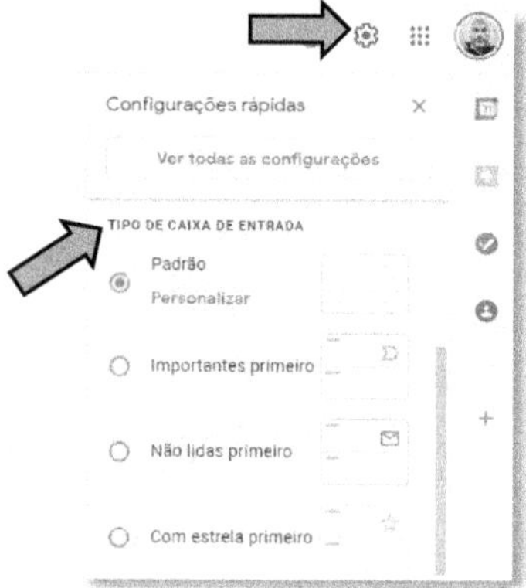

5.1.1.2 Painel de leitura

O Painel de Leitura do *Gmail* permite que o usuário divida a Caixa de Entrada em duas colunas. Em uma a ferramenta apresenta a lista dos *e-mails* e, na outra, o conteúdo do *e-mail* selecionado.

É possível configurar o *Gmail* para mostrar o Painel de Leitura em duas posições distintas e, se preferir, retirar a visibilidade do painel.

Para configurar as opções do Painel de Leitura, basta clicar sobre o botão de engrenagem localizado na parte superior direita da janela e localizar a opção *"PAINEL DE LEITURA"*.

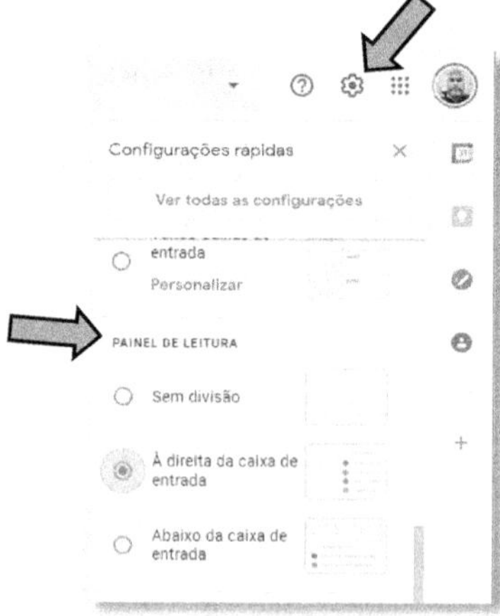

Dentre as opções de escolha, temos as seguintes:

- **Sem divisão:** a coluna do Painel de Leitura não é apresentada na janela.

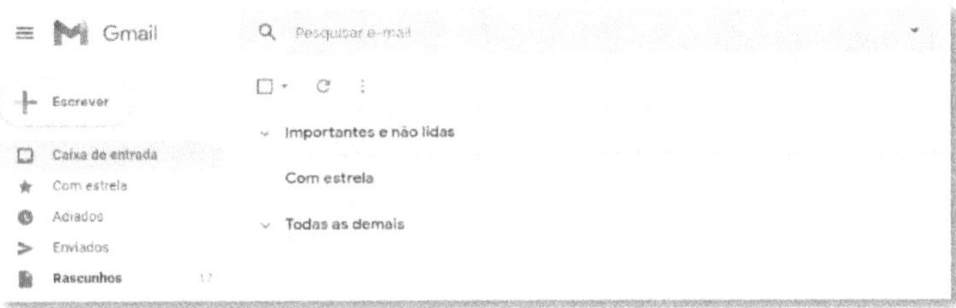

- **À direita da Caixa de Entrada:** a coluna do Painel de Leitura é apresentada na lateral direita da janela.

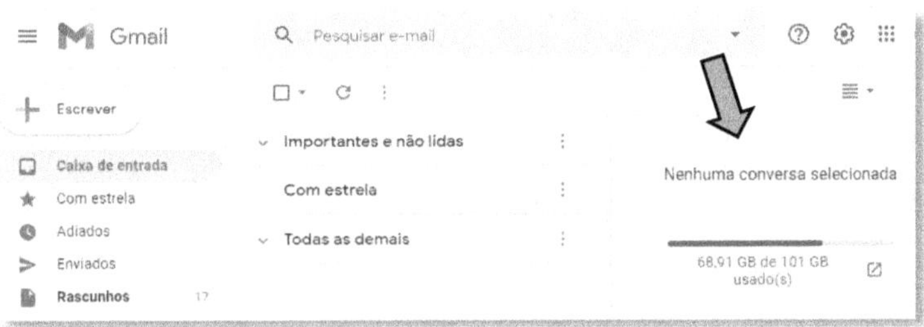

- **Abaixo da Caixa de Entrada:** a coluna do Painel de Leitura é apresentada abaixo das mensagens recebidas.

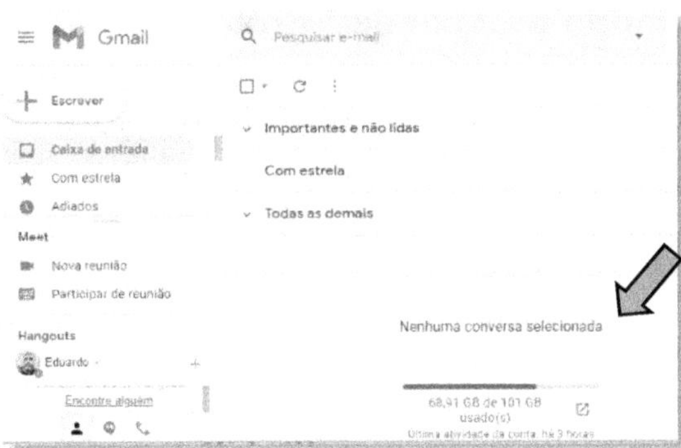

5.1.1.3 Agrupamento em conversas

Escolha se as mensagens serão agrupadas em conversas ou se cada *e-mail* será exibido separadamente na Caixa de Entrada. Quando as pessoas respondem a um *e-mail*, o *Gmail* agrupa as respostas em conversas com a mensagem mais recente na parte inferior.

Agrupamentos diferentes são criados quando a conversa possui mais de cem mensagens ou quando o campo *Assunto* do e-mail é alterado.

Geralmente, essa opção já vem marcada como padrão. Caso queira deixar a disposição das mensagens da forma tradicional, sem o agrupamento, siga os seguintes passos: Clique sobre o ícone de engrenagem no canto lateral direito da janela. Localize a opção *"Visualização de conversas"* no final da página. Para desagrupar a visualização das mensagens, desmarque a caixa de seleção.

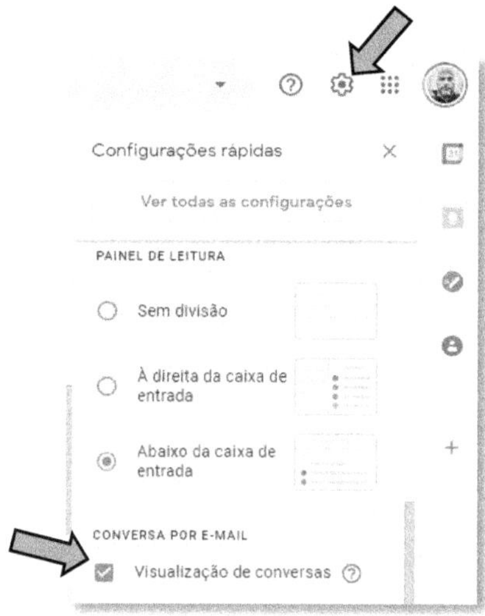

5.1.2 Organizando a Caixa de Entrada

5.1.2.1 Conceitos de Classificação e Priorização

Tempo vale mais que dinheiro!!! Grave essa frase. Se você vive apagando incêndios e não é bombeiro, infelizmente está usando o seu tempo de forma errada.

Para reverter esse quadro, é primordial desenvolver um bom esquema de classificação e priorização de tarefas.

Dentre os diversos processos e métodos disponíveis para realizar essas tarefas, acreditamos que a matriz de *Eisenhower* e a matriz de *Esforço x Impacto* são as mais simples e que entregam bons resultados. Vamos a elas:

Matriz de *Eisenhower* (Urgência X Importância)

Muitas pessoas acreditam que as prioridades classificadas como urgentes e importantes são parecidas, mas não é bem assim.

As prioridades classificadas como urgentes possuem um tempo curto para serem concluídas e geralmente tem prazo definido. Exemplos: entrega de um projeto, fazer a inscrição de um curso etc. Já as tarefas importantes, são aquelas que apresentam maiores impactos nos resultados. Exemplos: tarefas relacionadas a objetivos ou a metas.

A grande dificuldade é definir as tarefas e as prioridades considerando essas duas classificações. Para responder a este cenário, lançamos mão da Matriz de *Eisenhower*. A ferramenta é dividida nos seguintes quadrantes:

- **Importante e urgente:** faça imediatamente;

- **Importante e não urgente:** faça no médio ou longo prazo;

- **Urgente e não importante:** (ligações, *e-mails* e reuniões);

- **Não urgente e não importante:** podem esperar ou serem eliminadas.

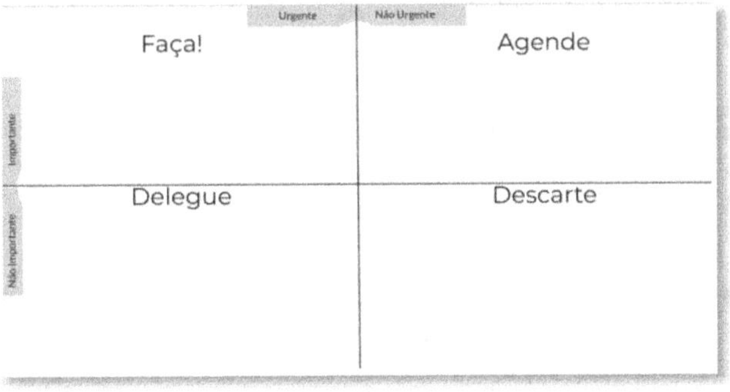

Urgente | Não Urgente

Faça! | Agende

Importante

Delegue | Descarte

Não Importante

Faça perguntas com base naquilo que você precisa para identificar a relevância e classificar a tarefa. Após classificá-las, monte a sua lista de prioridades e mãos à obra.

Listamos aqui os principais benefícios da Matriz de *Eisenhower*.

- Priorização de tarefas mais urgentes e importantes;
- Melhoria nos índices de produtividade;
- Maior organização e clareza das atividades;
- Maior agilidade na execução de tarefas;
- Favorecimento da razão em detrimento da emoção;
- Tomadas de decisão mais assertivas.

Para finalizar esse tópico, deixamos uma frase de *Eisenhower* para reflexão:

"O que é importante raramente é urgente e o que é urgente raramente é importante."

Matriz Esforço x Impacto

Nessa metodologia, levamos em consideração o impacto e o esforço para priorizar e classificar as tarefas. Ela divide os afazeres em 4 grupos, classificando-os de acordo com o impacto gerado e o esforço despendido.

A matriz é dividida em dois eixos: o vertical representa o impacto, os resultados. O segundo, o esforço, a energia dispendida. Esses eixos formam os seguintes quadrantes:

- **Impacto Alto e Baixo Esforço (I):** engloba as tarefas produtivas, que geram mais resultados com menor esforço. Essas ações devem ser executadas imediatamente;

- **Impacto Alto e Alto Esforço (II):** trata das ações importantes e que são de difícil execução. Exigem disciplina, melhorias constantes e paciência. Essas tarefas demandam tempo e precisam ser planejadas com atenção;

- **Impacto Baixo e Baixo Esforço (III):** aborda as tarefas que, apesar de serem fáceis de realizar, produzem poucos resultados. Fique atento e veja se são realmente necessárias;

- **Impacto Baixo e Alto Esforço (IV):** centraliza as tarefas que dispendem grande esforço e trazem pouco resultado. Realize somente aquelas imprescindíveis.

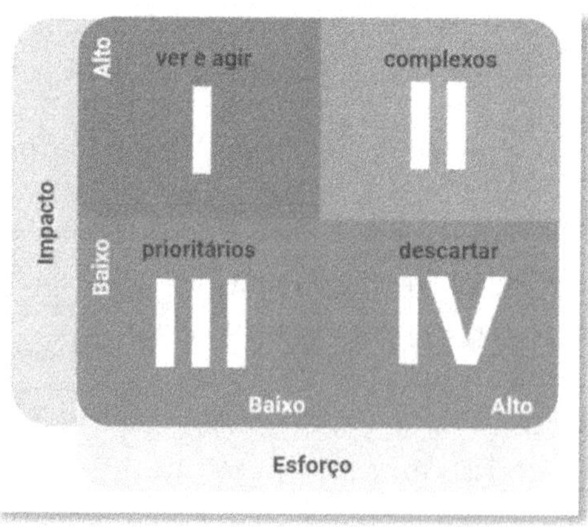

Os principais benefícios trazidos por esta ferramenta são:

- Otimização de tempo e recursos limitados;
- Visualização de quais atividades devem ser feitas com prioridade e quais devem ser evitadas ou adiadas;
- Direciona energia para onde tem mais retorno;
- Justifica tomada de decisões.

Após essa breve exposição sobre priorização e classificação, será abordada a utilização dos recursos da ferramenta de mensagens eletrônicas do *Gmail* para auxiliar na gestão da informação e tarefas.

5.1.2.2 Substituir pastas por marcadores

O *Gmail* traz um conceito um pouco diferente de organização de *e-mails*. Em outras ferramentas você criava pastas para organizar as mensagens eletrônicas, já no aplicativo do *Google* essa organização é feita através de marcadores.

A vantagem desse tipo de organização é que a mensagem pode ser atrelada a vários marcadores.

Para facilitar o entendimento, as pastas funcionavam da mesma maneira que o gerenciador de arquivos do *Windows*, para organizar as mensagens, você arrastava o e-mail até uma pasta e ele ficava armazenado lá. Já o conceito de marcadores funciona mais como etiquetas. Você cola diversos marcadores em um *e-mail* e para localizá-lo basta filtrar por um deles.

Além de melhorar a gestão, a criação de marcadores pode ser feita de forma encadeada, como no modelo de pastas. Tornando ainda mais fácil o seu entendimento e utilização.

Os marcadores são identificados através de cores e do símbolo, conforme abaixo:

5.1.2.3 Criar marcadores

A criação de marcadores no *Gmail* é relativamente simples. Basta selecionar qualquer mensagem para o menu suspenso aparecer. Clique sobre o ícone e selecione a opção *"Criar novo"*.

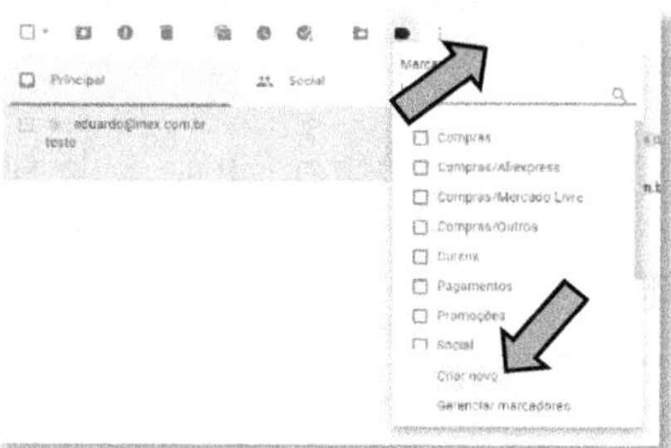

Dê o nome ao marcador no campo *"Insira um novo nome para o marcador"*. Caso queira colocá-lo abaixo de algum marcador existente, basta marcar a opção *"Organizar marcador em:"* e selecionar o marcador de nível superior. Para finalizar a criação, pressione o botão *"Criar"*.

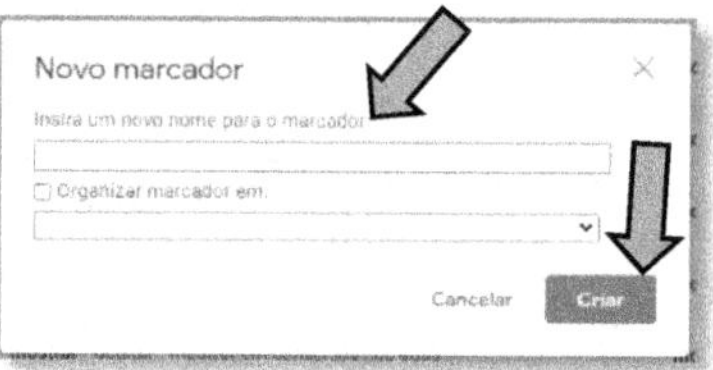

5.1.2.4 Aplicar marcadores

Agora chegou a hora de usar os marcadores. Para marcar uma mensagem eletrônica com um marcador específico, selecione os *e-mails* que serão marcados e clique sobre o ícone *"Marcadores* *"*. Clique sobre o marcador desejado e clique sobre o botão *"aplicar"*.

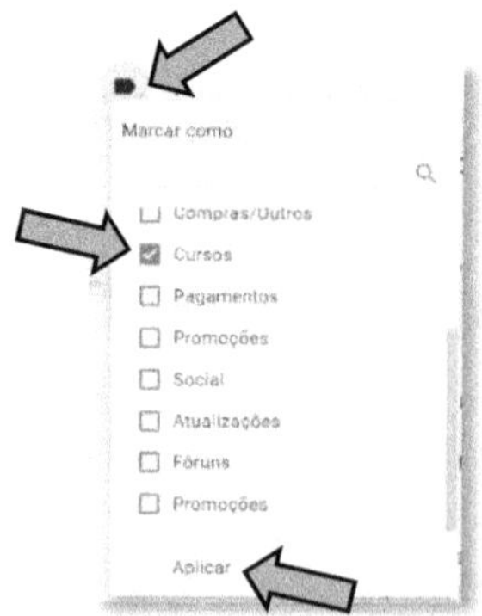

Os marcadores se localizam no menu esquerdo da página. Para filtrar as mensagens, basta clicar sobre o nome do marcador.

Caso queira trocar a cor do marcador, basta passar com o ponteiro do *mouse* sobre o marcador e selecionar a opção ⋮ . Selecione a opção *"Cor do marcador"* e atribua uma cor.

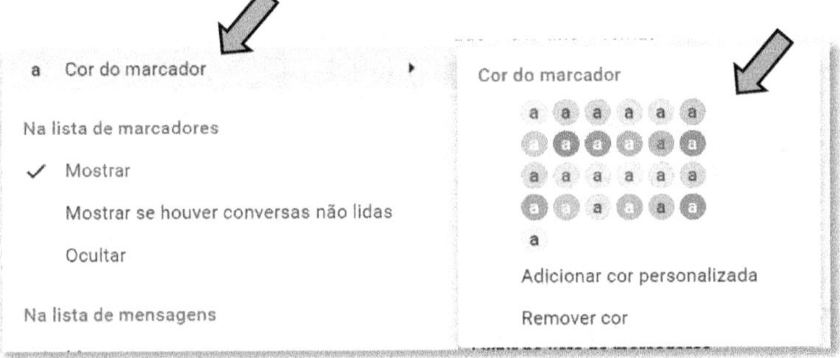

5.1.2.5 Adicionar filtros

Uma ótima maneira de automatizar a classificação dos *e-mails* é a criação de filtros inteligentes. Tomaremos como exemplo a necessidade de mover todos os *e-mails* recebidos que contenham as palavras *"Projeto A"* para o marcador *"Projeto A"*. Desta forma, todas as mensagens eletrônicas que correspondem a este assunto serão agrupadas automaticamente em um mesmo lugar, facilitando o gerenciamento e a localização da informação.

Para criar o filtro, basta clicar na seta para baixo na caixa de pesquisa. Para atender aos critérios do nosso exemplo, colocaremos as palavras *"Projeto A"* no campo *"Contém as palavras"*. Dessa forma, criamos um gatilho para a nossa ação. Toda vez que o *Gmail* localizar uma mensagem que preencha esse critério, vai disparar o evento configurado. Para cadastrar a ação, clique sobre o botão *"Criar filtro"*.

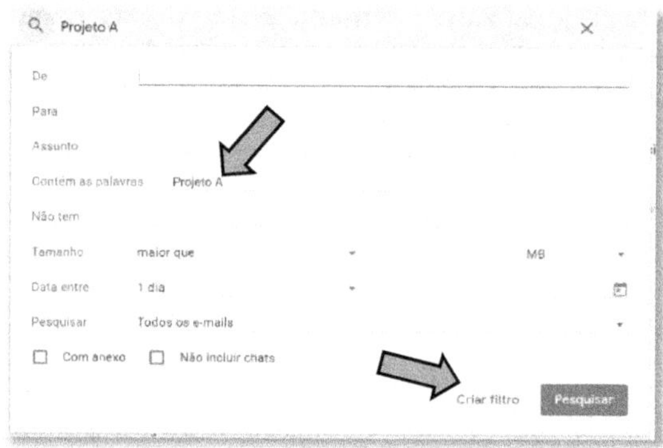

Agora iremos dizer ao *Gmail* o que fazer quando o critério configurado for atendido. Selecione a opção *"Aplicar o marcador:"* e informe o marcador desejado; no nosso caso, o *"Projeto A"*. Pressione o botão *"Criar filtro"* para gravar o filtro.

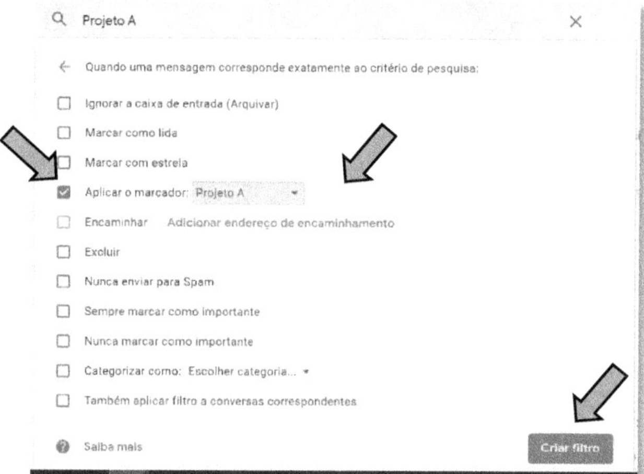

5.1.2.6 Marcar com estrela os *e-mails* importantes

Outro recurso bastante útil do *Gmail* é poder sinalizar as mensagens através de outros tipos de marcadores.

Podemos usar a estrela para classificar as mensagens de forma rápida e eficiente.

Para marcar uma mensagem com a estrela, basta clicar no ícone da estrela ☆, ao lado do *e-mail*. Caso queira ver todas as mensagens que foram classificadas com este marcador, clique em *Com estrela* ☆, na barra lateral esquerda.

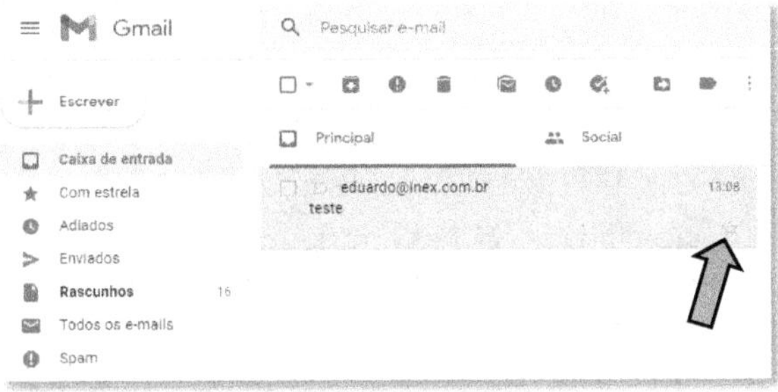

5.1.2.7 Arquivar ou excluir *e-mails*

Uma ótima prática é procurar deixar a Caixa de Entrada somente com as mensagens que deverão ser respondidas. Dessa forma, teremos um ambiente de trabalho mais limpo e a busca pela informação será muito mais eficiente.

Utilize o recurso de arquivamento para guardar as mensagens que não serão respondidas, mas que contém informação útil. Com o arquivamento, você pode acessar estes *e-mails* a qualquer tempo, acessando o item *"Todos os e-mails"* ou através do campo de pesquisa.

No intuito de sempre deixar a Caixa de Entrada com o mínimo de *e-mails* possível, exclua as mensagens que não têm utilidade. Após a exclusão, estes *e-mails* ficarão guardados na Lixeira pelo período de 30 dias. Após este prazo, eles são excluídos permanentemente e de forma automática pelo *Gmail*.

Para arquivar uma mensagem, selecione-a e clique sobre o ícone *"Arquivar"* no menu superior. Caso queira excluir um *e-mail*, marque-o e depois clique sobre o ícone *"Excluir"*, que se encontra no mesmo menu.

5.1.2.8 Indicadores de nível pessoal

Caso você participe de listas ou grupos de *e-mail*, o *Gmail* apresenta um recurso interessante que possibilita saber se uma mensagem recebida foi enviada diretamente para você ou para algum grupo de *e-mail* sem que haja a necessidade de abrir o *e-mail*.

Para ativar a funcionalidade, vá nas configurações e, na aba *"geral"*, encontre a seção *"Indicadores de nível pessoal"* e selecione *"exibir marcadores"*. Lembre-se de salvar as alterações no final da página.

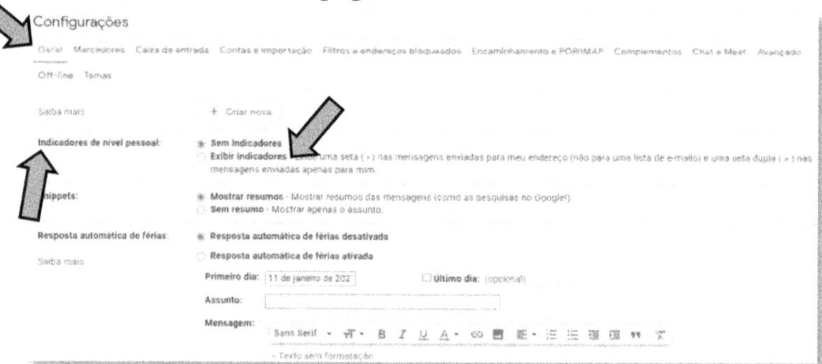

Com o recurso ativo, basta observar os sinais inseridos dentro do marcador de importância da mensagem.

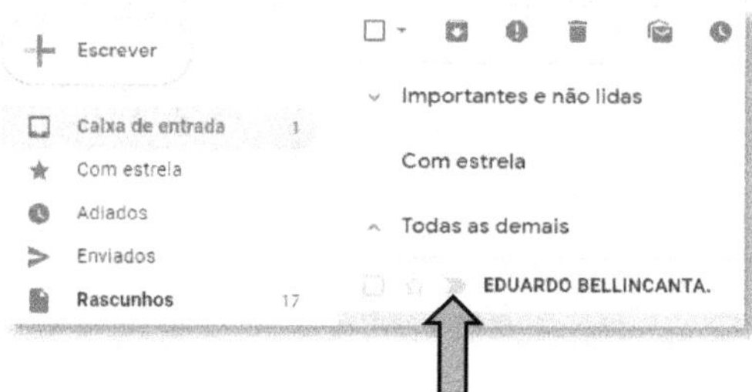

Dessa forma, teremos:

>> - Mensagem enviada somente para você.

> - Mensagem enviada para você e para outras pessoas.

Sem sinal - Mensagem enviada para um grupo do qual você faz parte.

5.1.2.9 Criando tarefas

Como o *Gmail* tornou-se o *Workspace* do *Google*, várias ações podem ser tomadas através desta ferramenta.

De maneira fácil e extremamente ágil, é possível criar tarefas de dentro do próprio *Gmail*. Para realizar esta tarefa, basa seguir os passos: No painel lateral direito, selecione através do ícone 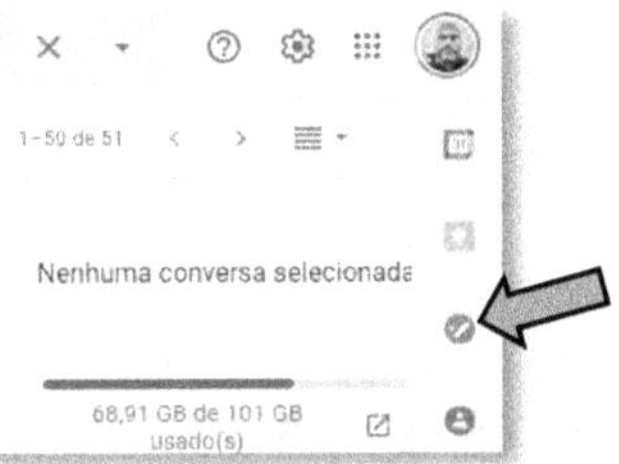 o aplicativo de Tarefas.

Será aberta uma nova coluna na lateral direita. Selecione a opção *"Adicionar uma tarefa"* para continuar.

Como visto com detalhes no tópico que tratou sobre a ferramenta *Tarefas*, basta incluir a informação solicitada e a tarefa será criada.

Outra forma de criar uma tarefa é vinculando um *e-mail*. Para isso, basta arrastar a mensagem até a guia tarefas.

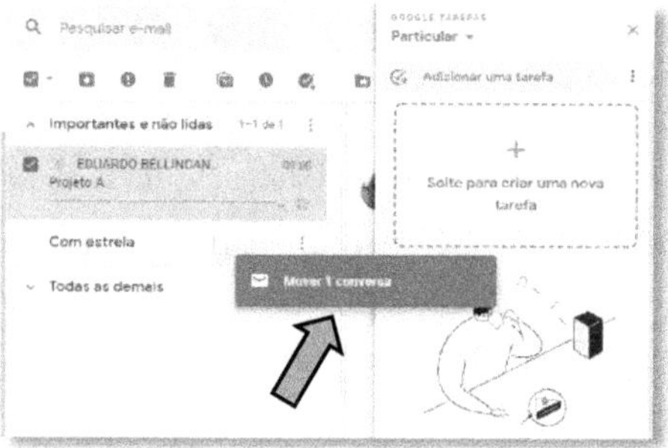

Ao soltar a mensagem na guia Tarefas, automaticamente a tarefa é criada com o assunto do *e-mail*. Agora, basta preencher os demais campos e a tarefa é criada e vincula automaticamente a mensagem a ela.

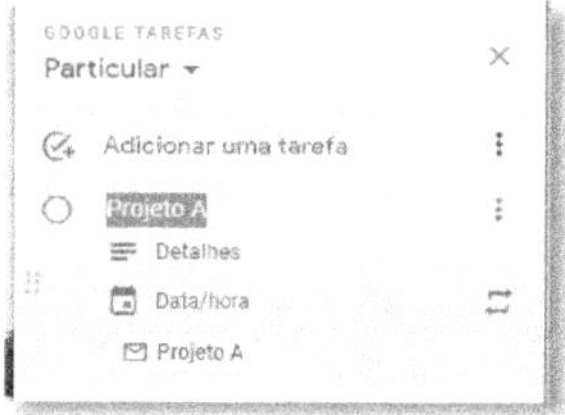

5.1.2.10 Criar eventos

Da mesma forma que foi possível criar tarefas diretamente do *Gmail*, a ferramenta possibilita também a criação de eventos de forma simples e prática.

No painel lateral direito, selecione, através do ícone 31 , o aplicativo de Agenda.

Selecione o e-mail e marque na agenda a data e hora do evento na Agenda.

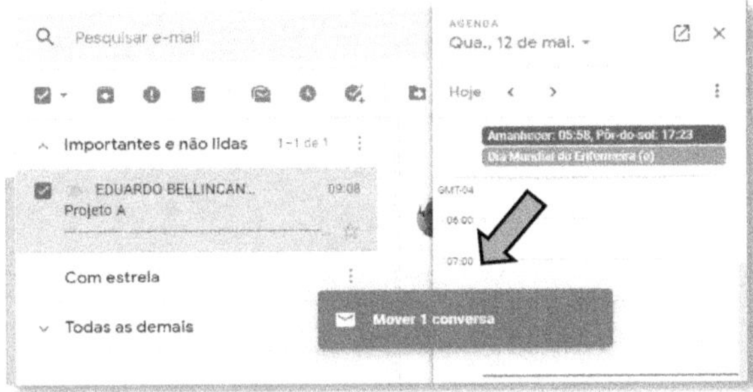

Preencha a informação da agenda e clique no botão *"Salvar"* para gravar o evento.

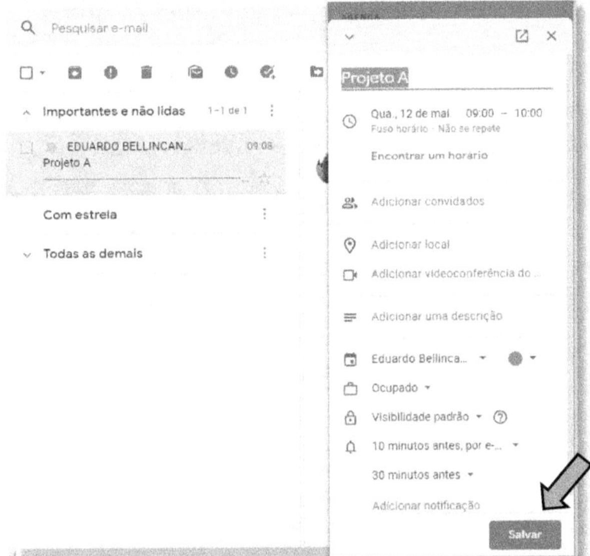

5.1.3 Recursos para aumentar a produtividade

5.1.3.1 Saber quando um destinatário leu seu *e-mail*

Infelizmente, esse recurso só está disponível nas versões pagas do *Gmail.*

Para ativá-lo, siga os passos: Clique no botão de nova mensagem e clique sobre o ícone ⋮ no canto inferior direito da janela. Marque a opção *"Solicitar confirmação de leitura".*

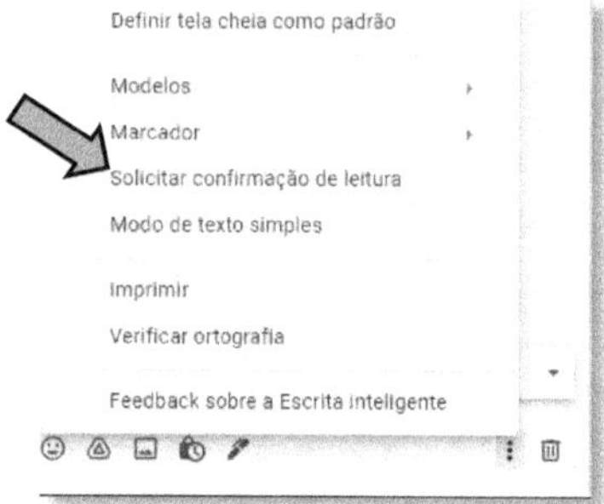

Com essa opção selecionada, você saberá quando um *e-mail* que você enviou é aberto. A confirmação de leitura é enviada a você por *e-mail*, com a hora e a data de abertura da sua mensagem.

5.1.3.2 Automatizar respostas a mensagens comuns

Algumas vezes nos deparamos com a necessidade de enviar uma mensagem automática e padrão para certos eventos. Para nossa felicidade, o *Gmail* possui essa funcionalidade, porém somente em sua versão paga.

Para configurar, clique em nova mensagem, digite a informação no corpo do *e-mail*, criando o seu modelo de resposta automática. Selecione o ícone ⋮ no canto inferior direito da janela. Clique sobre a opção *"Modelos"* e *"Salvar rascunho como modelo"* e, finalmente, em *"Salvar como novo modelo"*.

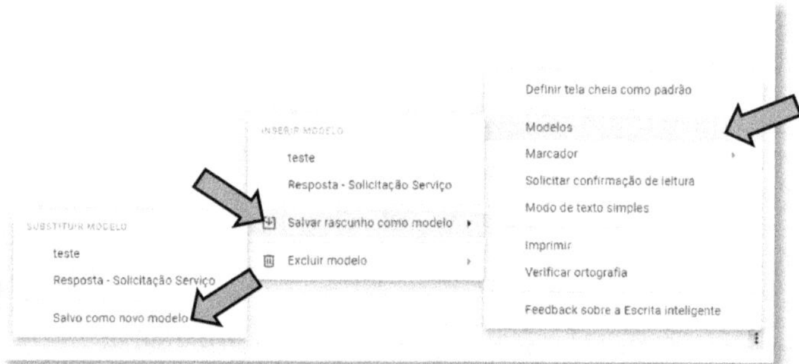

Insira um nome para o novo modelo e clique sobre o botão "Salvar".

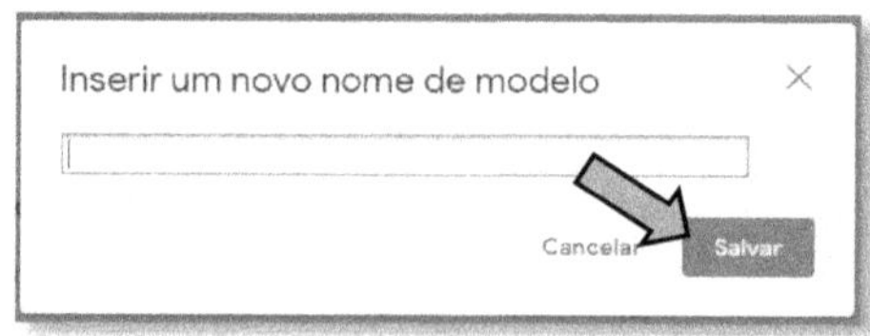

Agora, basta criar um filtro para responder as mensagens automaticamente utilizando este modelo.

Para este exemplo, vamos criar um filtro que responda automaticamente todos os *e-mails* recebidos através da conta teste@teste.com.br.

Clique sobre a seta lateral no campo de pesquisa do *Gmail*, digite a informação do filtro e pressione o botão *"Criar filtro"*.

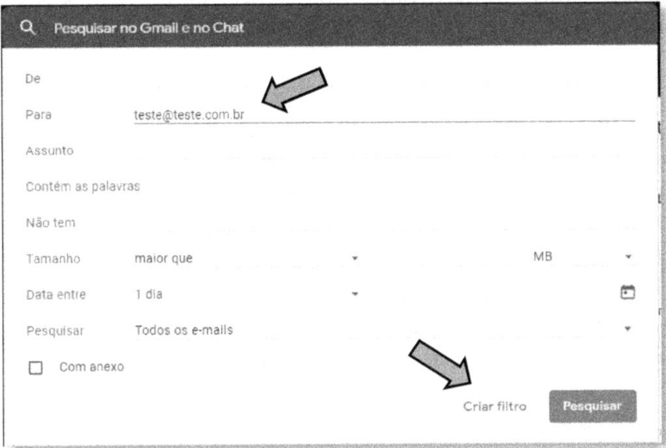

Marque a opção *"Enviar modelo:"* e selecione o modelo criado. Nesse caso, criamos o modelo *"teste"*. Clique sobre o botão *"Criar filtro"* para salvar a ação.

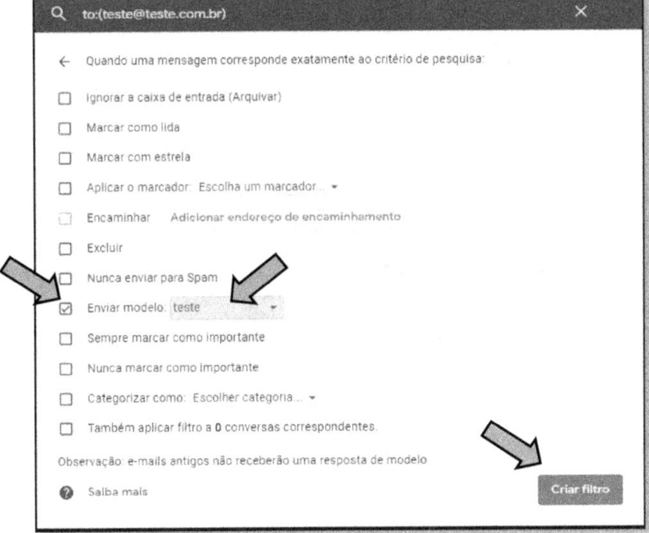

Pronto! Através dessas configurações criamos um modelo de *e-mail* que será encaminhado automaticamente a toda mensagem recebida através da referida caixa postal eletrônica.

5.1.3.3 Proteger mensagens com o modo confidencial

O assunto que você está tratando pelo *e-mail* tem informação confidencial? Então, essa funcionalidade será muito útil para você.

Quando estiver escrevendo um *e-mail* novo e desejar tratar a informação como confidencial, basta clicar sobre o ícone modo confidencial que se encontra no menu na parte inferior da tela. Através desta ação, você consegue definir uma data de validade para as mensagens, revogar o acesso a mensagens e anexos a qualquer momento e desativar o acesso dos destinatários para encaminhar, copiar, imprimir e fazer *download* do material.

Observação: o modo confidencial ajuda a impedir que os destinatários compartilhem seus *e-mails* acidentalmente, mas não impede que eles façam capturas de tela ou de fotos de mensagens ou anexos.

Será aberta uma nova janela. Preencha a informação conforme solicitado. Pronto! Agora, basta clicar em *"Salvar"* para concluir. Caso você tenha selecionado a opção *"Senha por SMS"*, deverá informar o número de telefone do destinatário.

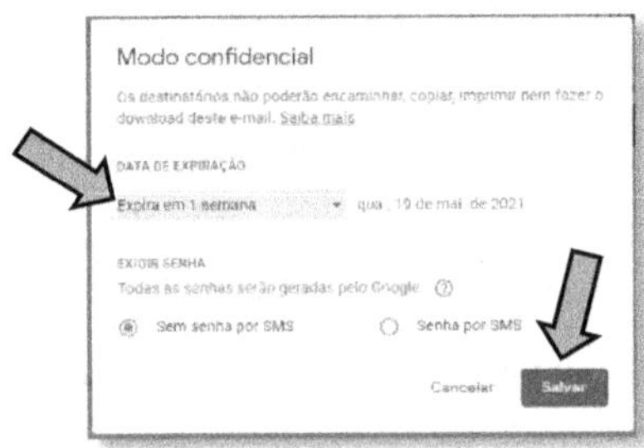

5.1.3.4 Ativar ou desativar a resposta automática de férias

Para os momentos em que você esteja afastado de suas atribuições, o *Gmail* possibilita o encaminhamento automático de mensagem para todos os *e-mails* recebidos. Desta forma, é possível configurar uma mensagem de aviso de férias. Clique sobre o ícone da engrenagem na lateral superior direita e, posteriormente, na opção *"Ver todas as configurações"*.

Role a página até o final e localize a opção *"Resposta automática de férias:"*. Para ativar, basta selecionar *"Resposta automática de férias ativada"*, informar o período e personalizar a mensagem a ser enviada através do campo *"Mensagem"*. Clique na opção *"Salvar alterações"* para validar a configuração.

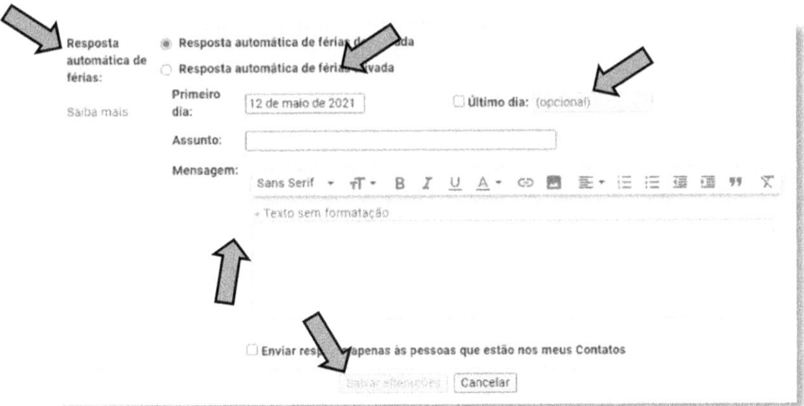

5.1.3.5 Adiar *e-mails*

Através desta ferramenta, você consegue adiar os *e-mails* e programar a data certa para respondê-los. Imagine o seguinte cenário: você participará de um evento e, em um dia específico da próxima semana, terá que responder um *e-mail* confirmando a sua participação. A chance dessa mensagem se perder no meio de vários *e-mails* em sua Caixa de Entrada é considerável. Para ajudar nestes casos, basta adiar a resposta da mensagem para o dia específico. Quando você adia uma mensagem, ela sai temporariamente da sua Caixa de Entrada e retorna na data pré-estipulada.

Caso queira localizar as mensagens suspensas, basta acessar o item 🕒 Adiados , localizado no menu do canto esquerdo da tela.

Para adiar um *e-mail*, basta selecionar o ícone *"Suspender"*, localizado no menu superior, ou passar com o cursor do *mouse* sobre a mensagem e clicar no ícone *"Adiar"*.

Selecione até quando você deseja adiar a mensagem e pronto! Quando chegar na data estipulada, o *Gmail* colocará a sua mensagem no topo da Caixa de Entrada.

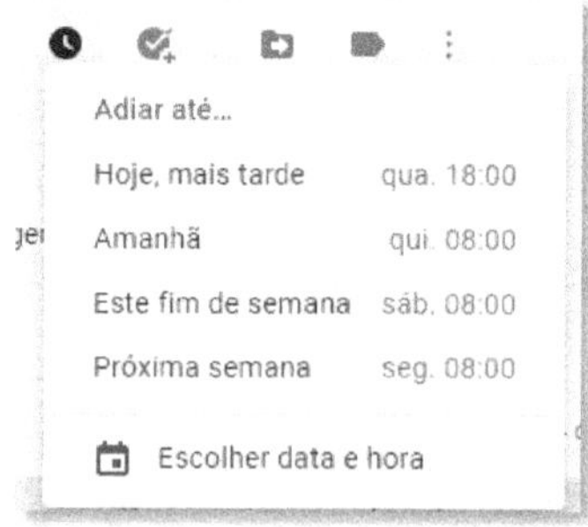

5.1.3.6 Cancelar o envio dos seus *e-mails*

Quem nunca se deparou com a situação de arrependimento assim que apertou o botão *"Enviar"* do *e-mail.* Já lhe informamos que isso é mais comum do que parece.

Seja pelo esquecimento de anexar um arquivo, seja pela lembrança de ter faltado algo no texto ou mesmo por puro arrependimento. Graças ao *Gmail,* é possível configurar o que chamamos de *"Tempo de arrependimento"* durante o envio de mensagens. Esse recurso entra em cena logo após você clicar no botão *"Enviar".* Basicamente, a mensagem é mantida na Caixa de Saída por um período pré-estabelecido, possibilitando o cancelamento do seu envio.

Para habilitar esse recurso, clique sobre o ícone da engrenagem na lateral superior direita e posteriormente na opção *"Ver todas as configurações".*

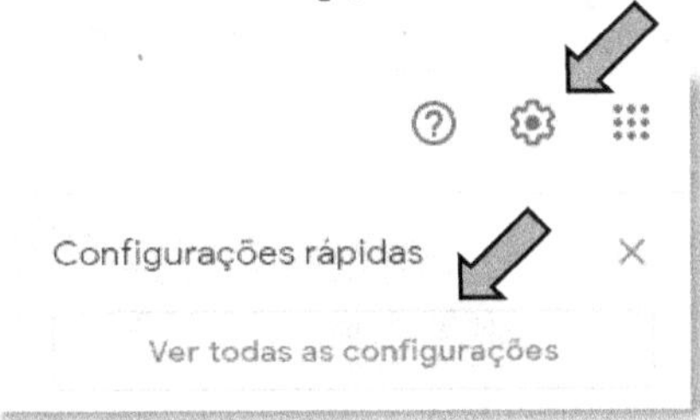

Role a página para baixo até encontrar a opção *"Cancelar envio"* e defina o tempo que a mensagem ficará armazenada na Caixa de Saída até que seja efetivamente enviada.

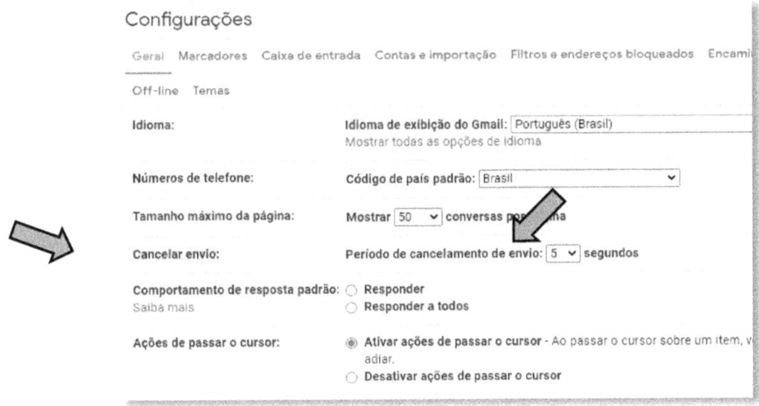

Com essa configuração ativa, toda vez que você enviar um *e-mail,* no canto inferior esquerdo da tela irá aparecer uma caixa informando que a mensagem foi enviada. Nessa caixa, existe a possibilidade de cancelar o envio. Para isso, basta clicar sobre a opção *"Desfazer"*. Lembrando que essa caixa só permanece visível pelo período que você preestabeleceu. Depois que ela desaparecer, o *e-mail* será encaminhado sem possibilidade de cancelamento.

5.1.3.7 Programar o envio de *e-mails*

É possível que você tenha a necessidade de agendar o envio de mensagens, de forma automática, e em datas específicas. Nesse sentido, é possível configurar o *Gmail* para realizar essa tarefa.

Abra um novo *e-mail*, prepare o texto e clique, ao lado do botão enviar, na seta para baixo. Selecione a opção "Programar envio".

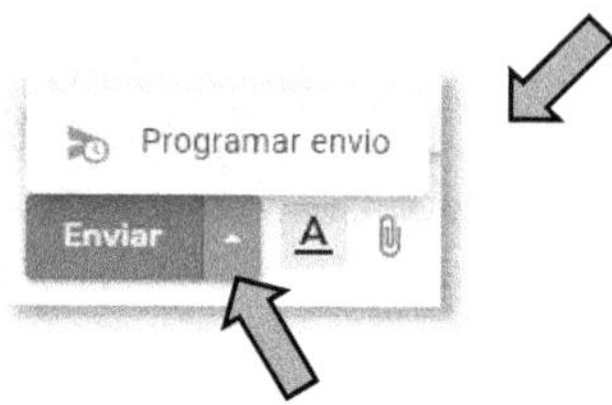

Será aberta uma nova janela. Defina a data que a mensagem deverá ser enviada e pronto. Na data definida, o *Gmail* encaminhará automaticamente o seu *e-mail*.

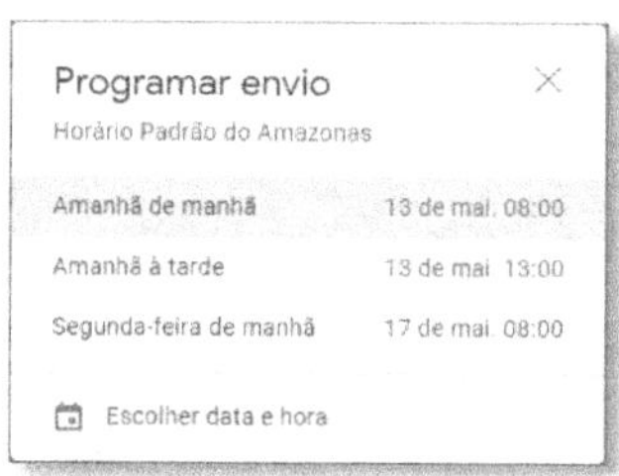

Para localizar as mensagens que estão agendadas com o envio automático, localize no menu da lateral esquerda o item *"Programados"*.

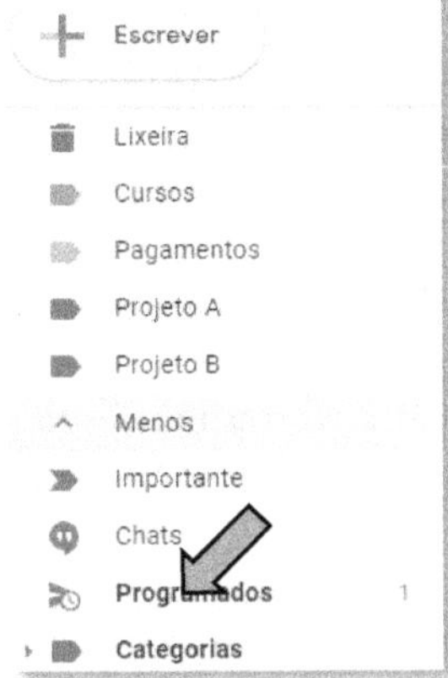

5.1.3.8 Veja se uma pessoa está disponível imediatamente

Nem sempre dá tempo de esperar a resposta do *e-mail* que você enviou. Nesses casos, você pode consultar o *status* de disponibilidade do remetente e fazer uma interação via *chat* do *Gmail*.

Para saber se uma pessoa está *on-line* e disponível, localize no menu esquerdo da janela a opção *"Chat"*. Caso a pessoa esteja disponível, ao lado do nome dela aparecerá um círculo de cor verde.

Para configurar o seu *status* de disponibilidade, selecione no menu superior direito a caixa com as opções de disponibilidade e marque a configuração adequada para o momento.

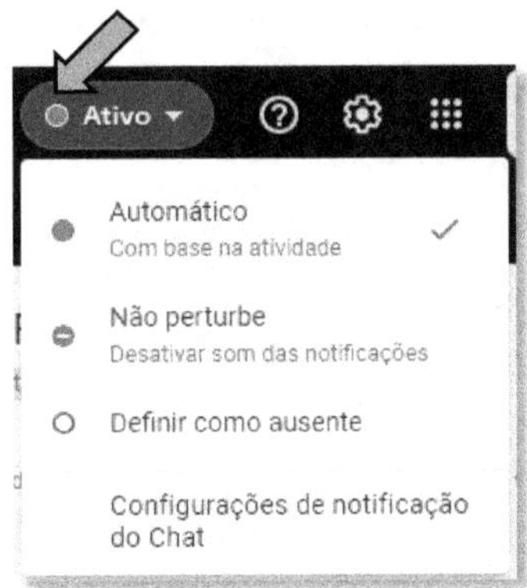

5.2 *Chat*

5.2.1 Introdução ao *Chat*

Os recursos de mensagem instantânea facilitam sobremaneira a comunicação dentro e fora da organização.

O *e-mail* é uma excelente ferramenta de documentação e troca de informação. Porém, é um recurso que não entrega a agilidade que certas ocasiões demandam.

O *Google* também disponibiliza em suas ferramentas um aplicativo de mensagens instantâneas. Essa ferramenta é conhecida como *Google Chat*.

Nos tópicos seguintes conheceremos um pouco das funcionalidades desta poderosa ferramenta.

5.2.2 Veja se uma pessoa está disponível

Nem sempre você tem tempo para esperar uma resposta por *e-mail*. Nesses casos, você pode utilizar o *chat* para agilizar a comunicação. Consulte para saber se a outra pessoa está *on-line* e aproveite para interagir com ela.

Para fazer essa consulta, basta observar se, ao lado do nome dela, aparece um sinal com um círculo verde. Esse sinal informa que a pessoa está disponível. A seguir, estão os demais sinais disponibilizados pelo *Google* e seus respectivos significados.

- ● Disponível
- ⊖ Não perturbe
- ● Ausente (nos últimos 15 minutos)
- ○ Ausente (há mais de 15 minutos)

5.2.3 Mensagens em grupo

Para iniciar uma conversa em grupo, basta selecionar o ícone **+** ao lado da opção *"Chat"* e escolher a opção *"Iniciar conversa em grupo"*.

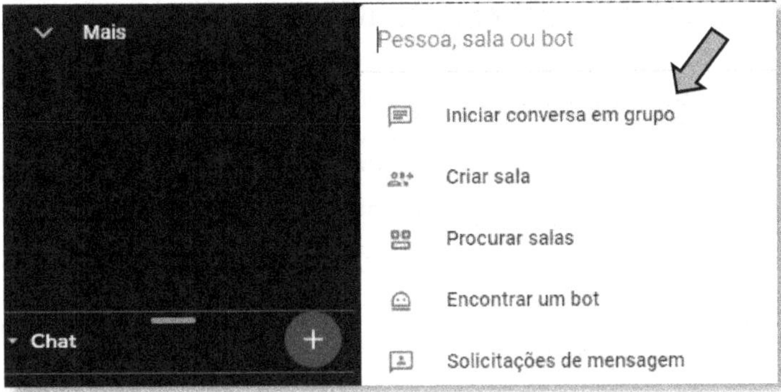

Informe o nome dos participantes e clique sobre o ícone ✅ para concluir.

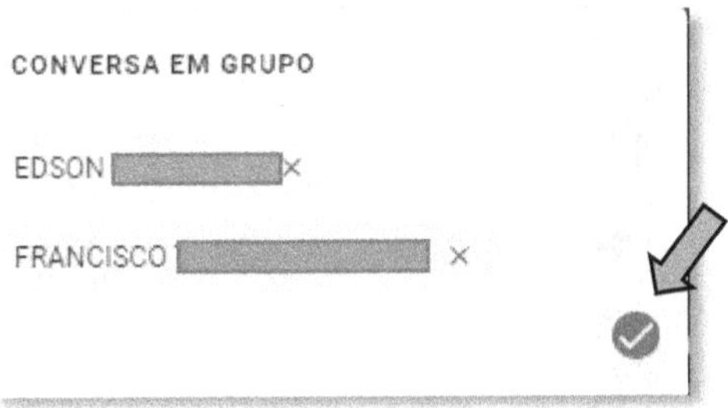

Com o grupo criado, basta inserir o texto e clicar no ícone ▷ para iniciar a conversa com todos os participantes.

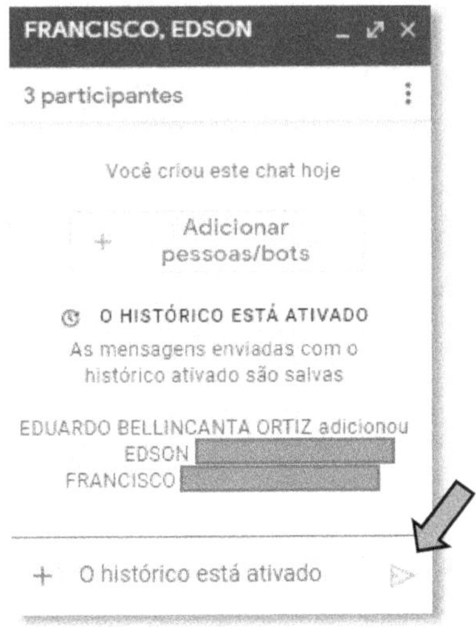

5.2.4 Fixar mensagens diretas importantes

Durante o desenvolvimento das tarefas diárias, é comum que haja interações, via *chat*, com diversas pessoas. O problema é que, conforme as conversas vão ocorrendo, as mais recentes vão tomando o lugar das antigas e essa classificação pode tirar de vista alguma conversa importante que demanda certa intervenção.

Para facilitar a gestão, o *Google Chat* permite que você fixe as conversas importantes no topo da lista.

Essa ação auxilia na priorização de assuntos urgentes e relevantes. Para fixar uma conversa, basta passar com o cursor do *mouse* sobre o nome da pessoa ou do grupo, clicar sobre o ícone e selecionar a opção *"Fixar"*.

5.3   Salas

5.3.1   Conceito de sala

Sala nada mais é que um lugar criado no *Gmail* para que as pessoas possam trocar informação, discutir, trabalhar colaborativamente em uma atividade, compartilhar arquivos, atribuir tarefas e manter contato. Este é um recurso que facilita muito o trabalho em equipe.

A criação dessas salas é feita de modo bastante simples, basta localizar a opção *"Salas"*, no menu lateral esquerdo e clicar sobre o ícone.

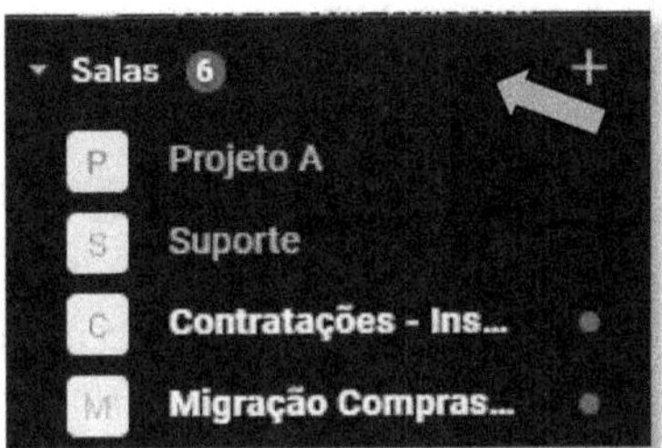

Posteriormente selecione a opção *"Criar sala"*, para continuar.

Na janela exibida, informe o nome no campo *"Nome da sala"*, digite o endereço de *e-mail* dos participantes e marque as demais opções.

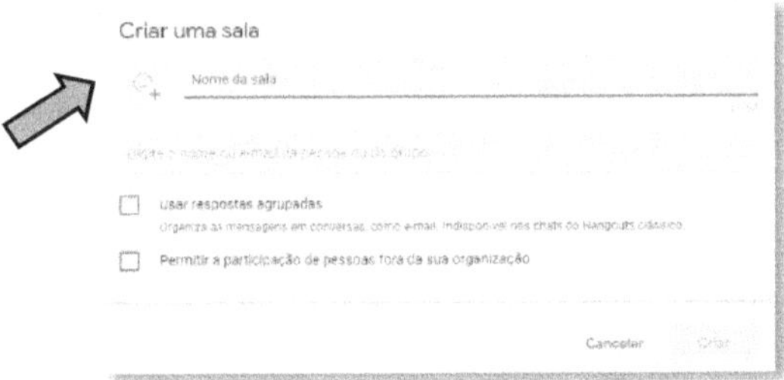

Entenda cada configuração antes de criar a sala, pois não será possível alterá-las posteriormente:

- **Usar respostas agrupadas:** marcando esta opção, é possível criar uma conversa por assunto. Desta forma, a organização da informação torna-se mais simples e eficiente. Caso mantenha esta opção desmarcada, as salas terão uma única conversa que conterá toda a informação inserida.

- **Permitir a participação de pessoas de fora da sua organização:** caso você marque esta opção, os participantes externos devem possuir uma conta do *Google Workspace* com outra organização ou uma conta do *Google* pessoal.

5.3.2   Adicionar ou remover pessoas em uma sala

Localize, no menu do canto esquerdo da tela, o item *"Salas"*. Selecione uma sala de interesse e clique sobre o seu nome, na parte superior da janela. Surgirá um menu com a opção *"Adicionar pessoas/bots"*, clique na opção para continuar.

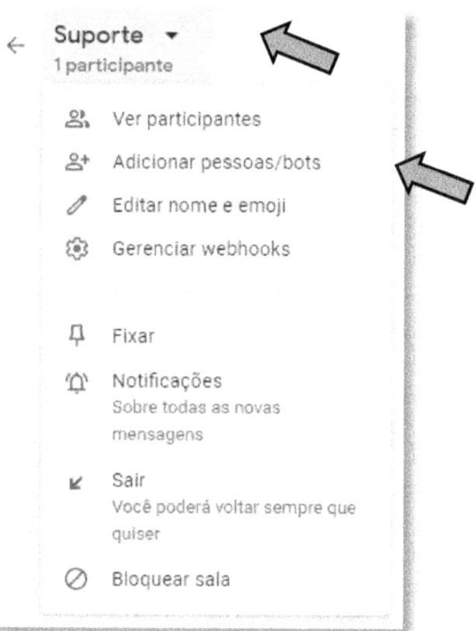

Será aberta uma janela com a opção de incluir o nome ou *e-mail* das pessoas que você deseja incluir nesta sala. A inclusão se assemelha muito à inclusão de destinatários de um *e-mail* no *GMail*. Lembrando que algumas configurações feitas pelo criador da sala podem não permitir a inclusão de participantes de fora da organização.

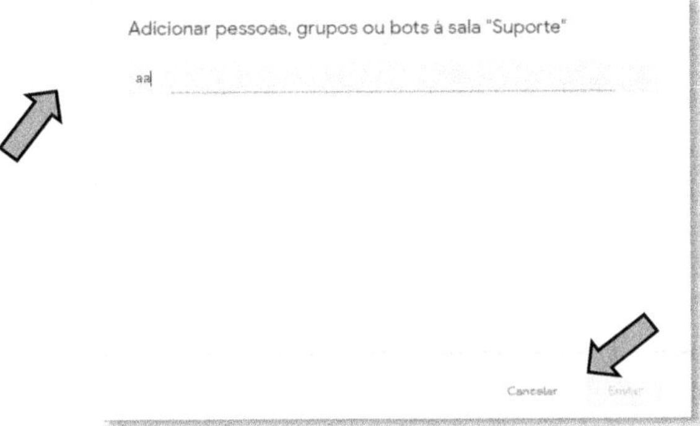

Para ver as pessoas que estão participando em determinada sala, basta entrar na sala, selecionar a seta ao lado do nome da sala e pressionar a opção "*Ver participantes*".

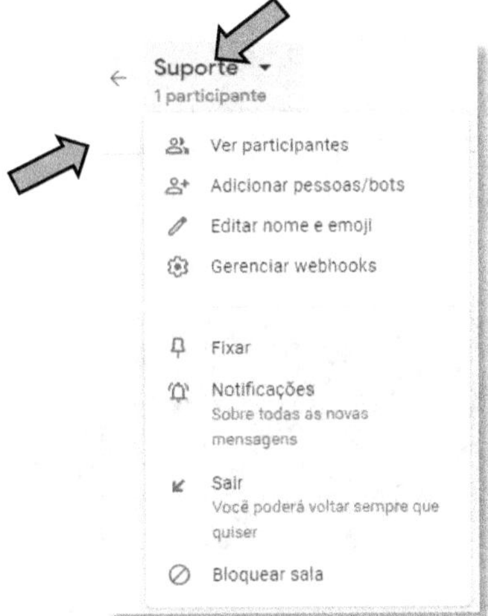

Será aberta uma janela com a lista de todos os participantes que fazem parte da sala.

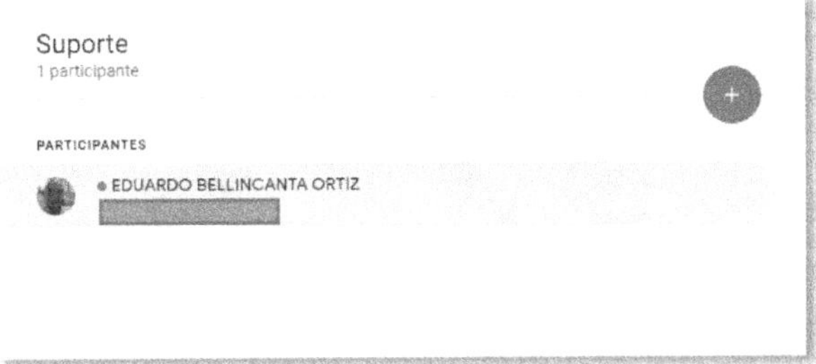

Caso queira remover um ou mais participantes de determinada sala, basta consultar os participantes, posicionar o cursor do *mouse* sobre o nome da pessoa que queira remover da sala. Nesse momento, surgirá o ícone ao lado do nome do participante, clique sobre esse ícone e selecione a opção *"Remover da sala"* para excluir o participante.

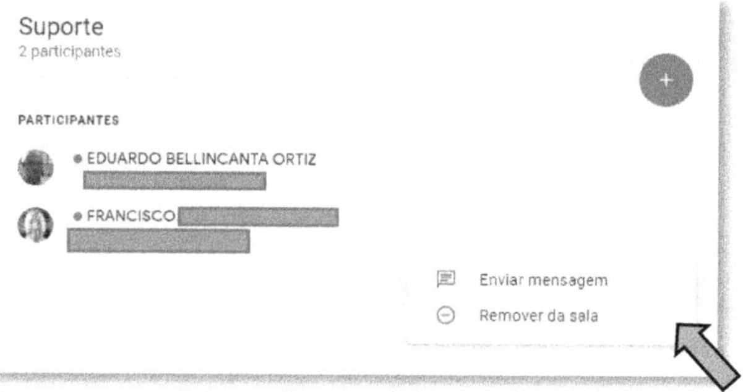

5.3.3 Participar ou sair de uma sala

Caso tenha interesse de participar de uma sala específica, basta localizá-la através da opção *"Criar ou localizar uma sala"*, representada pelo ícone ![+], ao lado do item *"Salas"*.

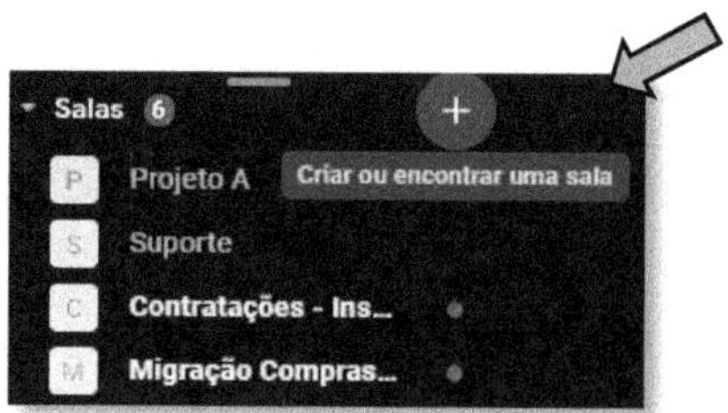

Será aberta uma janela com a opção *"Procurar salas"*. Clique sobre ela para prosseguir.

A ferramenta trará uma lista das salas criadas. Caso a sala não esteja na lista, basta digitar o nome para encontrá-la. Clique no ícone para entrar na sala.

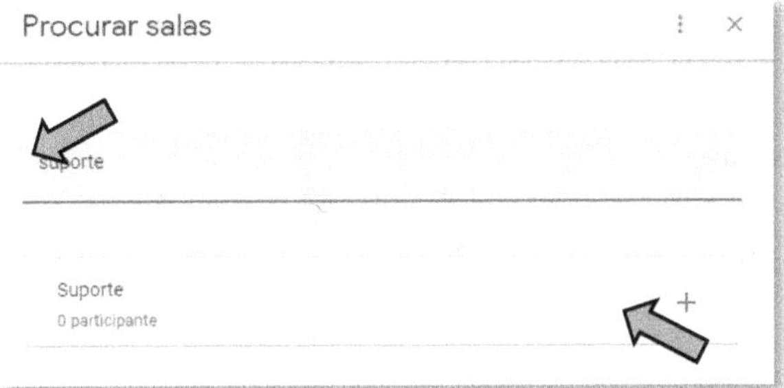

Também existe a possibilidade de somente visualizar o conteúdo das salas sem ter que, efetivamente, tornar-se um participante. Para isso, basta refazer o caminho anterior e, na janela *"Procurar salas"*, posicionar o ponteiro do *mouse* sobre o nome da sala desejada. Desta forma, surgirá a opção *"Visualizar"* ao lado do nome da sala. Basta clicar para ter acesso ao conteúdo da sala.

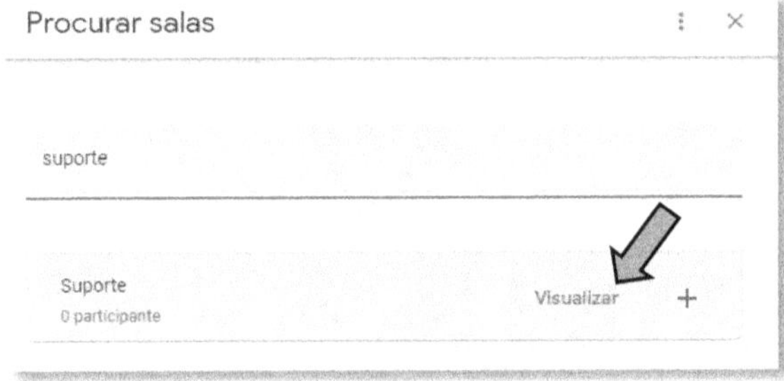

Caso queira sair de uma sala, basta clicar no ícone e selecionar a opção *"Sair"*.

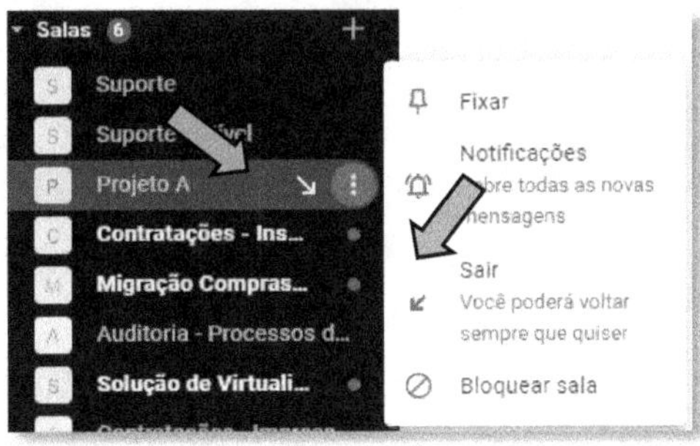

5.2.4 Iniciar várias conversas em uma sala

Durante a troca de informações dentro de uma sala, pode ser difícil encontrar as informações, ou os assuntos podem se misturar, dificultando o processo de trabalho.

Para estes casos, é possível, dentro das salas, organizar as conversas por assunto. Desta forma, é possível centralizar a informação em seus respectivos tópicos. Para criar uma nova conversa, basta clicar no botão *"Nova conversa em...".*

5.4 *Meet*

5.4.1 Conceitos de reunião

Reunião é o agrupamento de pessoas para um determinado fim. Esta prática, porém, quando mal planejada, torna-se a grande vilã e acaba sendo vista como a responsável pelo desperdício de tempo.

Com as organizações mergulhadas no contexto da pandemia, já podemos afirmar que cada vez mais serão utilizados os recursos de reuniões telepresenciais.

Mesmo sendo uma excelente ferramenta de gerenciamento, por vezes escutamos reclamações de que estas reuniões duram horas e acabam não entregando os resultados esperados.

Alguma vez você já se perguntou: por que tenho que participar dessa reunião? Se a resposta foi sim, provavelmente faltou uma pitada de planejamento e gerenciamento no agendamento desta reunião.

O nosso tempo é o capital mais precioso, portanto, quanto mais horas são desperdiçadas, mais a organização é penalizada.

Em uma pesquisa realizada pela Simplesfica, 66% das pessoas dentro das organizações afirmam que as reuniões em seu ambiente de trabalho são improdutivas e malconduzidas.

Nessa mesma pesquisa, foi constatado também que 67% dos executivos acham que as reuniões são um fracasso.

Para auxiliá-los na tarefa de planejamento de reuniões, traremos uma relação de boas práticas que, com certeza, tornarão esses encontros mais eficazes.

1 – Identifique o objetivo da reunião;
2 – Categorize a fase da reunião (alinhamento, planejamento, *feedback* etc);
3 – Verifique quem deverá efetivamente participar da reunião e aqueles que deverão ter somente ciência da informação e dos resultados;
4 – Encaminhe a pauta da reunião com antecedência aos participantes;
5 – Durante a reunião, seja objetivo e procure não fugir da pauta;
6 – Finalize a reunião resumindo as decisões, as atribuições feitas, os resultados obtidos e as ações futuras.

Esperamos que estes passos lhe ajudem na condução das futuras reuniões. Agora, passaremos a abordar alguns recursos do *Meet*, a ferramenta de videoconferência do *Google*.

5.4.2 Iniciar uma reunião no *Gmail*

Para iniciar uma reunião pelo *Meet*, basta acessar diretamente o *Gmail*. Localize, na parte inferior, à esquerda, a opção "Nova reunião". Clique sobre ela para prosseguir.

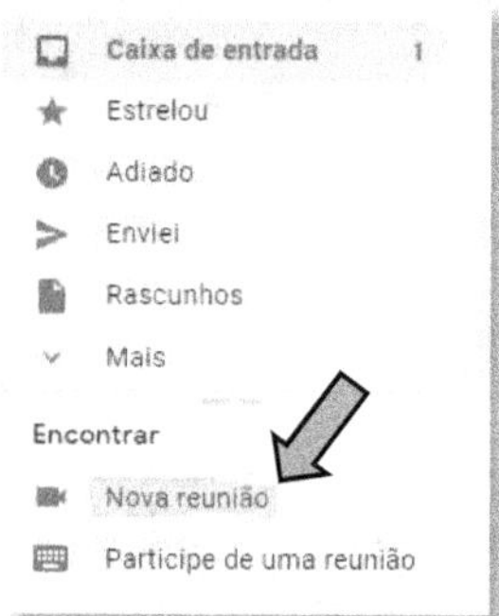

Surgirá uma janela com as opções de *"Enviar convite"* aos participantes e *"Iniciar agora"* para começar a reunião.

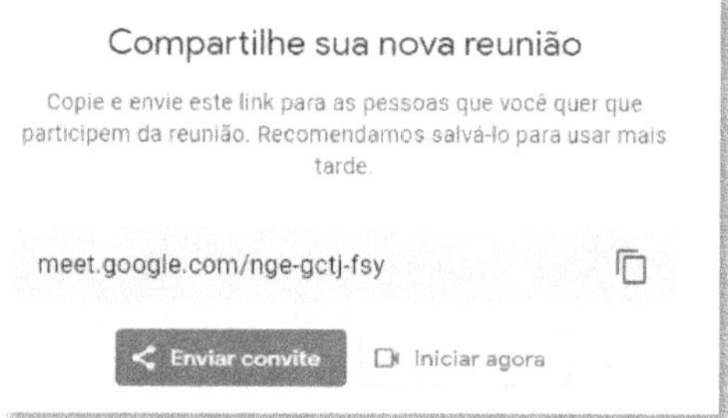

Ao clicar sobre a opção *"Enviar convite"*, o aplicativo disponibiliza duas formas de envio dos convites: a primeira é por *e-mail*, a segunda entrega o *link* da reunião que pode ser copiado e compartilhado de várias maneiras (via *chat*, *Whatsapp* etc.).

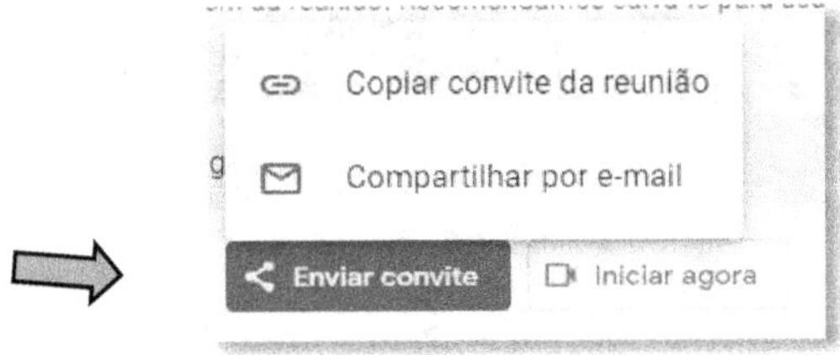

Para iniciar a reunião, basta clicar sobre o botão *"Iniciar agora"*.

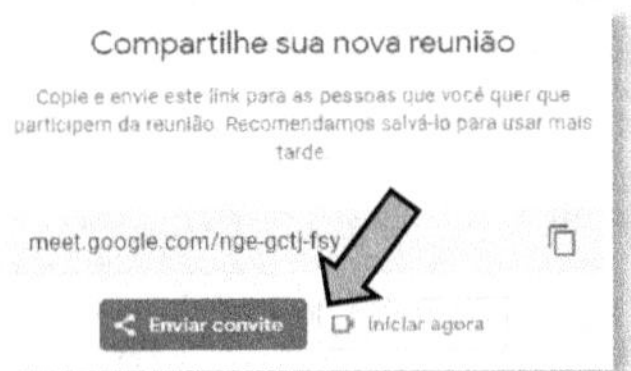

Caso seja necessário realizar o agendamento da reunião, essa configuração deverá ser feita através da ferramenta Agenda.

5.4.3 Convidar participantes

Existe a possibilidade de convidar outros participantes durante a realização da reunião. Para adicionar pessoas, basta utilizar o seguinte caminho: clique em *Pessoas* ⠿ › *Adicionar pessoas* ⠿.

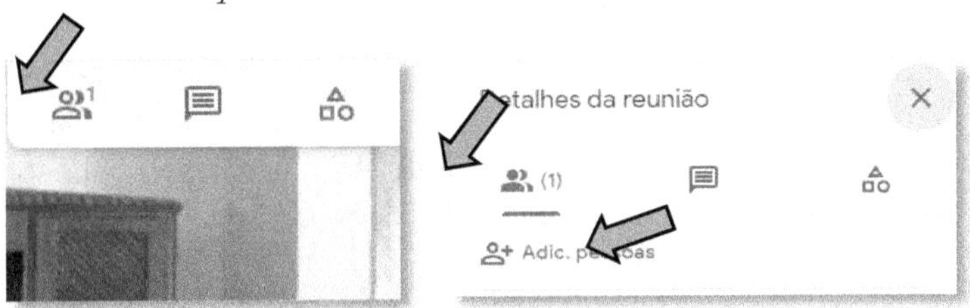

Digite o nome ou o endereço de *e-mail* e, em seguida, clique em *"Convidar"*.

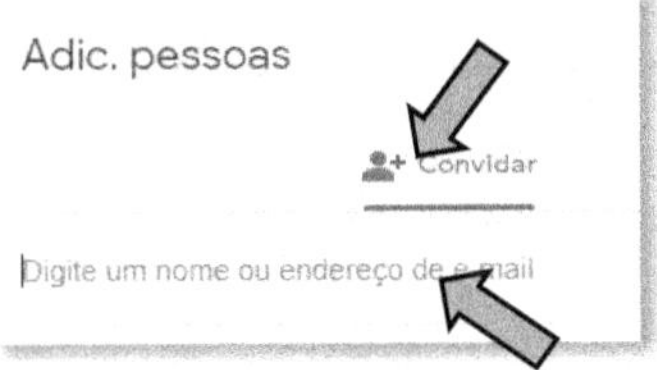

Também é possível convidar mais participantes, enviando para eles o *link* da reunião. Para compiá-lo basta clicar na opção *"Detalhes da reunião"*, que se encontra no canto inferior esquerdo da tela.

Clique sobre a opção *"Copiar informações sobre como participar"* e cole o *link* da reunião em um *e-mail, chat, Whatsapp* ou outra ferramenta de comunicação.

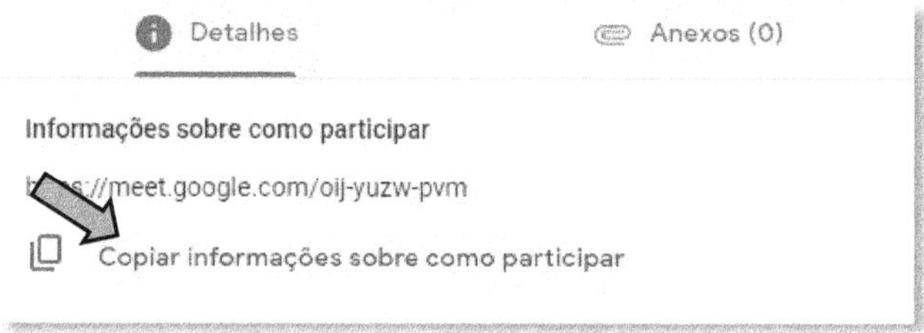

Caso queira remover alguma pessoa durante a reunião, basta seguir os seguintes passos:

Clique em *Pessoas*, passe o ponteiro do mouse ao lado da miniatura do participante e clique na seta para baixo. Clique na opção *"Remover da reunião"* para retirar o participante da reunião.

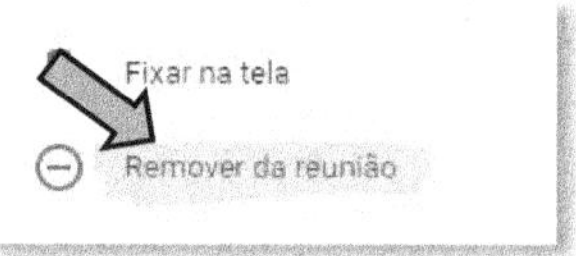

Nas reuniões criadas com uma Conta do *Google* pessoal, somente o moderador pode remover pessoas de uma videochamada.

Se os pedidos de um participante forem negados duas vezes, ele não poderá pedir para participar novamente. Nesses casos, o organizador da reunião poderá convidá-lo manualmente para a reunião.

5.4.4 Os participantes podem entrar em uma reunião no *Gmail*

Para participar de uma reunião daqual você foi convidado, basta clicar no *link* que foi enviado e aguardar o início da reunião.

Caso lhe for enviado somente o código de acesso, siga o seguinte caminho para acessar a reunião: clique na opção *"Participar de reunião"*.

Insira o código e clique no botão *"Participar"* para ingressar na reunião.

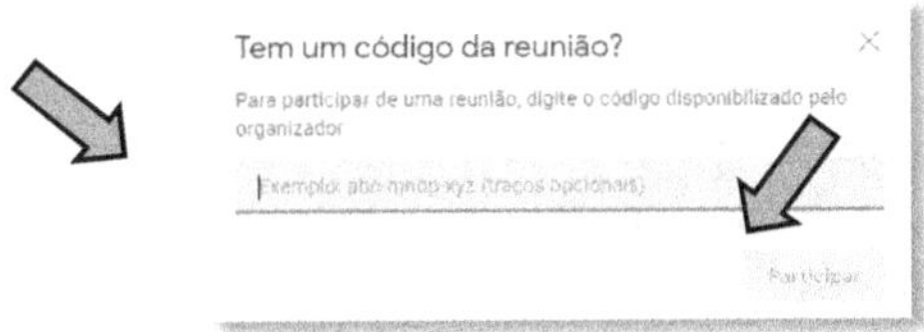

5.4.5 Personalizar as configurações de vídeo, interagir com os participantes ou compartilhar sua tela

Para facilitar o entendimento dos recursos disponíveis na ferramenta de videoconferência do *Google*, será disponibilizada uma imagem que traz um resumo das principais opções oferecidas.

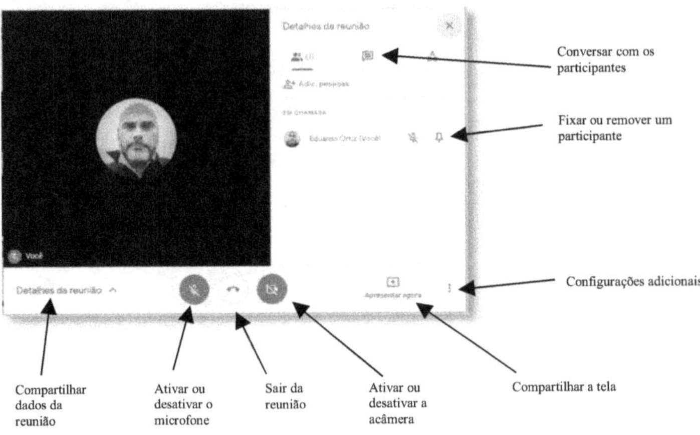

Tendo em vista o objetivo deste material, será dada ênfase no recurso de compartilhamento de tela. Selecione a opção *"Apresentar agora"* para visualizar as alternativas de compartilhamento.

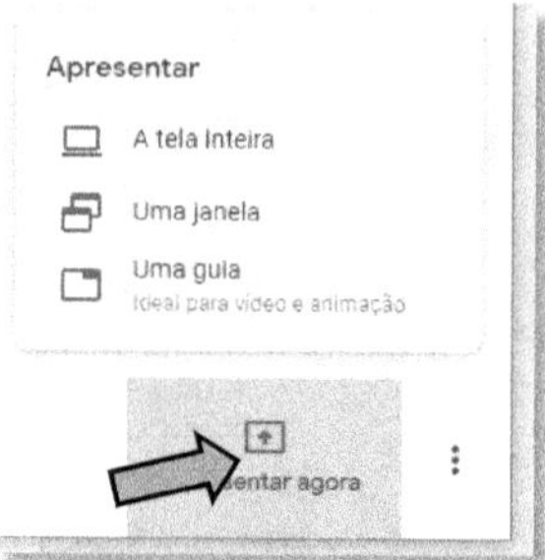

A tela inteira: recurso que possibilita o compartilhamento de uma tela, além de todos os recursos nela abertos.

Uma janela: esta opção permite o compartilhamento de uma janela específica. Caso essa janela seja a de um navegador de *Internet*, todas as abas/guias deste navegador também estarão disponíveis para o compartilhamento.

Uma guia: permite o compartilhamento de apenas uma aba/guia específica do navegador de *Internet*.

5.5 Agenda

5.5.1 Conceitos de agenda

Se quiser ter sua vida e seu tempo bem geridos, você precisa ter o controle de suas atividades e eventos diários. Ninguém nasce organizado, mas esta é uma habilidade que qualquer um pode adquirir.

Tomar nota é um dos instrumentos mais importantes na vida de uma pessoa que deseja ter alta produtividade. Afinal, ninguém se lembra de tudo. Pode parecer óbvio, mas muita gente não faz isso e acaba se complicando no dia a dia, pois acaba se atropelando e não fazendo as tarefas que realmente importam.

Use o seu cérebro para analisar cenários, avaliar decisões importantes e aprender coisas novas. Para memorizações, confie à sua agenda.

5.5.2 Criar um evento

No menu, localizado na lateral direita da tela, selecione o ícone para acessar as configurações do *Google* Agenda.

Será aberta uma pequena aba na lateral direita da janela. Para ampliar a janela e ter maior conforto para trabalhar, clique sobre o ícone .

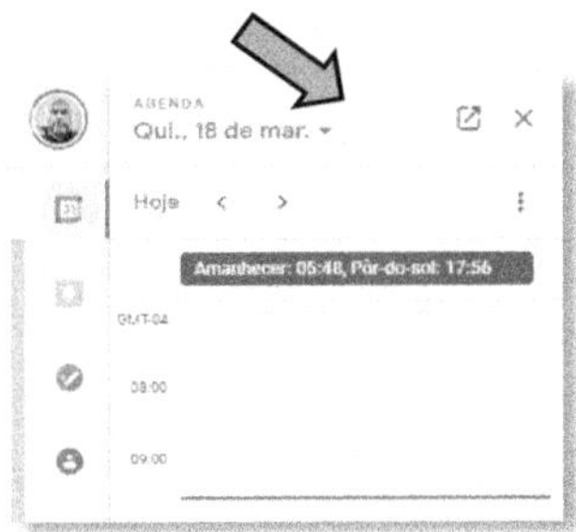

Agora que a ferramenta *Google* Agenda está aberta, clique sobre uma data para incluir um evento.

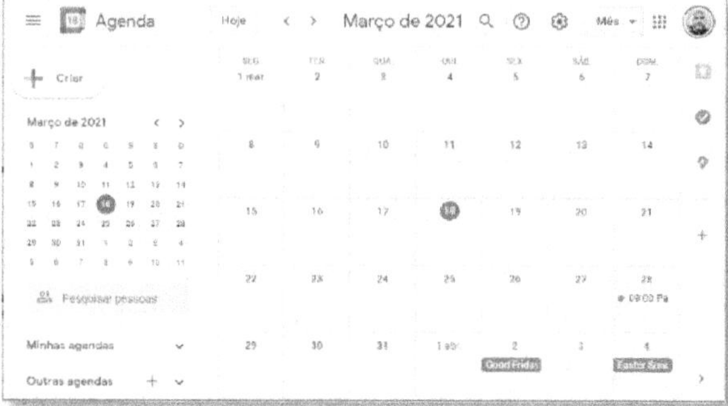

A janela padrão traz alguns campos que podem ser configurados. Para ter uma visão mais ampla dos recursos desta ferramenta, clique sobre o botão *"Mais opções"*.

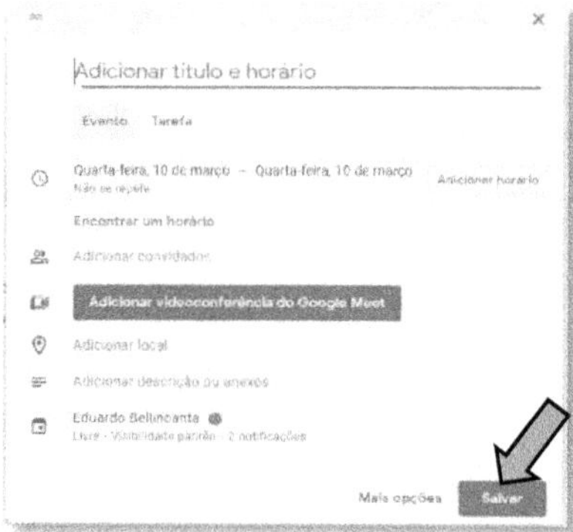

Agora basta preencher os campos e clicar no botão *"Salvar"* para gravar os registros. A seguir, serão detalhadas as opções do agendamento.

- **Nome:** informe o nome do evento;
- **Período:** insira as datas de duração do evento;
- **Duração:** caso o evento seja o dia todo, marque a caixa *"Dia inteiro"*;
- **Não se repete:** caso o evento seja recorrente, ajuste as informações na caixa suspensa;
- **Adicionar videoconferência do *Google Meet*:** se o evento necessitar de uma videoconferência, basta marcar esta opção;
- **Adicionar local:** informe o local do evento;
- **Notificação:** caso queira ser lembrado, preencha os campos de notificação;
- **Agenda:** selecione a agenda onde este evento será inserido;
- **Status:** informe se você estará disponível ou ocupado durante o evento;
- **Descrição:** campo disponível para a inserção de informações pertinentes;
- **Convidados:** insira o *e-mail* dos convidados;
- **Permissões de convidados:** selecione as permissões que os convidados terão nesse evento.

Outra forma de criar agendamentos de forma simples e eficiente é através de *e-mails*. Para realizar esta ação, basta selecionar o *e-mail* e clicar sobre o ícone que se encontra no menu superior da ferramenta *Gmail* e escolher a opção *"Criar evento"*.

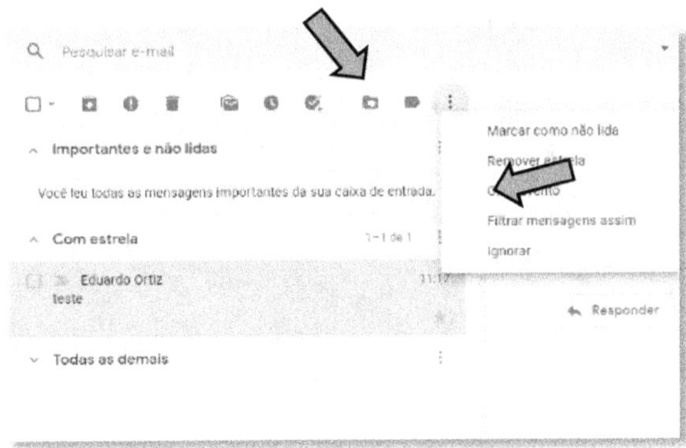

Será aberta a janela da agenda com a informação pré-preenchidas. Faça as alterações que achar pertinente. Todo o texto que estava no corpo do *e-mail* será transferido para o campo *"Descrição"* do evento.

5.5.3 Verificar a disponibilidade na agenda de uma pessoa

Acredito que todos já passamos por dificuldades para conciliar agendas para a realização de reuniões. A ferramenta *Google* Agenda disponibiliza uma forma simples e eficaz de realizar consultas nas agendas, por períodos em que todos estejam disponíveis.

Para localizar datas e horários livres, abra a ferramenta Agenda do *Google* e no menu da lateral esquerda da janela, no campo *"Reunião com…"*, digite o nome das pessoas que você deseja verificar a disponibilidade das agendas.

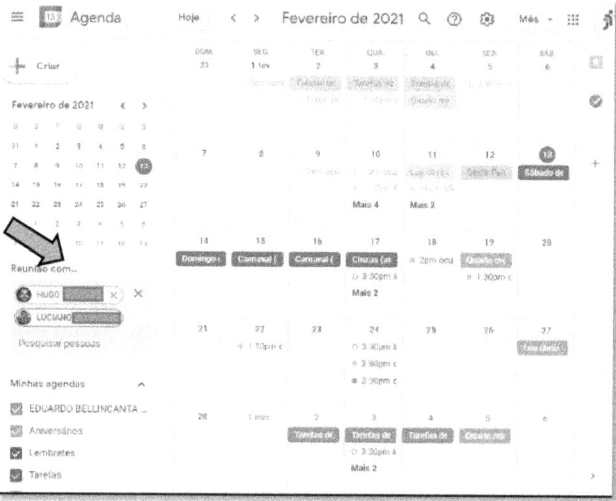

Note que cada pessoa recebeu uma cor específica. Basta procurar na agenda, onde estão os compromissos destas pessoas e selecionar um período em que todos estão disponíveis para poder agendar a reunião.

Uma outra forma de validar o horário de uma reunião é clicando sobre a data pretendida, incluindo os participantes da reunião e selecionando o botão *"Encontrar um horário"*.

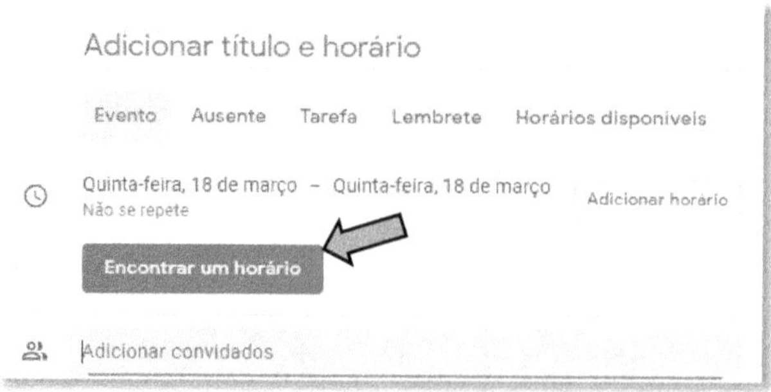

O *Google* Agenda irá abrir uma tela mostrando o dia e a hora pretendidos, juntamente com a informação da agenda dos participantes para esse período. Desta forma, fica fácil constatar se todos estão livres ou se alguém possui compromisso no dia e hora escolhidos.

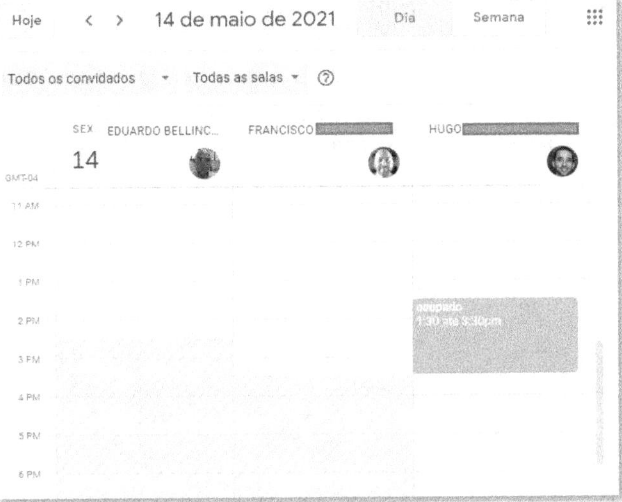

Se, ao realizar esta ação, a agenda de algum participante não aparecer, pode ser que ele não tenha acesso ao *Google* Agenda, ou você não tenha permissão para acessar esta informação ou, ainda, você tenha convidado um grupo com mais de 200 convidados.

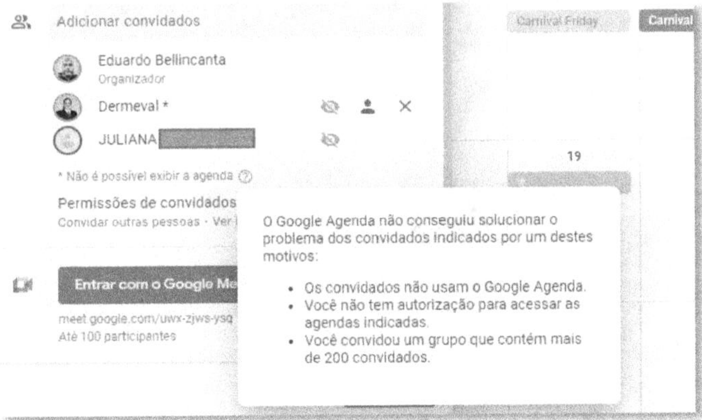

5.5.4 Compartilhar e ver agendas

O *Google* permite que você compartilhe a sua agenda com outras pessoas. Essa tarefa possibilita que membros da sua equipe possam responder a convites, criar e editar eventos e compartilhar sua agenda com mais pessoas.

Para realizar o compartilhamento, selecione a agenda e passe com o ponteiro do *mouse* sobre o nome da agenda. Clique sobre o ícone ⁝ e escolha a opção *"Configurações e compart."* para continuar.

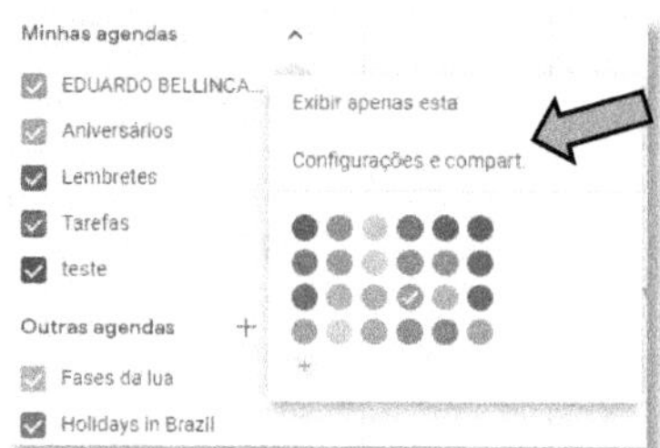

Localize o item *"Autorizações de acesso"* e clique no botão *"+ Adicionar pessoas".*

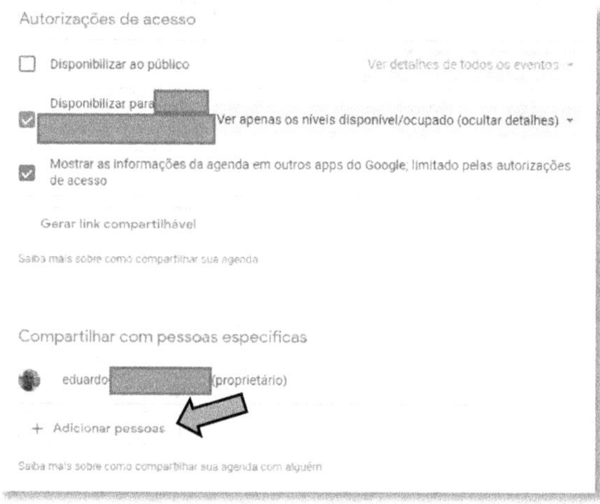

Informe o nome ou *e-mail* da pessoa ou pessoas que terão acesso à agenda. Estas permissões poderão ser personalizadas conforme opções analisadas a seguir.

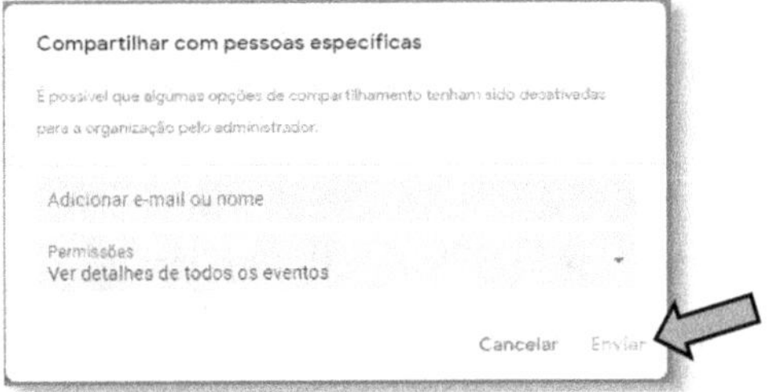

Ver apenas os níveis disponíveis/ocupado (ocultar detalhes): as pessoas poderão visualizar se determinado horário está reservado ou disponível, porém não poderão ver os nomes nem os detalhes dos seus eventos;

- **Ver detalhes de todos os eventos:** as pessoas poderão ver os detalhes dos eventos da sua agenda (a menos que você as marque como particulares) e se inscrever para receber alertas por *e-mail* quando eventos forem criados, alterados, cancelados, confirmados ou estiverem próximos;

- **Fazer alterações nos eventos:** as pessoas poderão adicionar e editar eventos, encontrar os detalhes de todos os eventos, inclusive os particulares, terão permissão para restaurar ou excluir permanentemente eventos da Lixeira da agenda e se inscrever para receber alertas por *e-mail* quando eventos forem criados, alterados, cancelados, confirmados ou estiverem próximos;

- **Fazer alterações e gerenciar compartilhamento:** com essa permissão, as pessoas poderão mudar configurações de compartilhamento, adicionar e editar eventos, encontrar os detalhes de todos os eventos, inclusive os particulares, excluir a agenda permanentemente, restaurar ou excluir permanentemente eventos da Lixeira da agenda e se inscrever para receber alertas por *e-mail* quando eventos forem criados, alterados, cancelados, confirmados ou estiverem próximos.

5.5.5 Adicionar o período de ausência à sua agenda

Uma boa prática a ser utilizada no *Google* Agenda é registrar as ausências do escritório. Seja por férias ou por outros motivos, não é incomum ter que se afastar por algum período. Caso esses afastamentos sejam cadastrados previamente, sua agenda recusa automaticamente todas as reuniões durante esses períodos.

Para registrar essa informação, selecione a primeira data em que você estará fora. Em seguida, clique na aba *"Ausente"*, informe as datas da ausência e clique no botão *"Salvar"* para confirmar a informação.

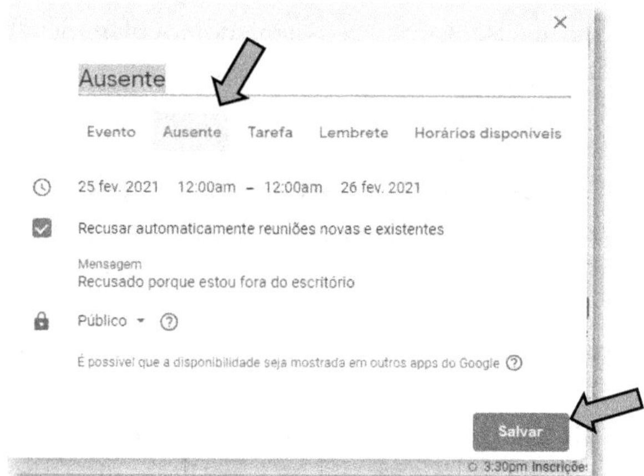

SOBRE OS AUTORES

Agnaldo dos Santos Cezar

Nascido em 1992, em Rondonópolis, Mato Grosso. Apaixonado por informática, aos 16 anos já era Instrutor de informática em uma tradicional escola da região, onde se encantou em ensinar e compartilhar conhecimento, mas as oportunidades o levaram para área de Designer Gráfico, onde trabalhou por 8 anos. Decidido a voltar a área que o desafiava, iniciou a faculdade de Sistemas de Informação com foco em se especializar em Banco de Dados e Inteligência Artificial.

Eduardo Bellincanta Ortiz

Especialista no desenvolvimento de soluções, autor de 5 livros, vendedor, entusiasta na área de gestão de tempo e práticas para aumentar a produtividade. Caçador de soluções!